Faniry La Romancière

Un nouveau départ

Faniry La Romancière

Un nouveau départ

Éditions Muse

Cover image: www.ingimage.com

Publisher:
Éditions Muse
is a trademark of
Dodo Books Indian Ocean Ltd., member of the OmniScriptum S.R.L Publishing group
str. A.Russo 15, of. 61, Chisinau-2068, Republic of Moldova Europe
Printed at: see last page
ISBN: 978-3-639-63694-9

NOUVEAU DEPART
FANIRY LA ROMANCIERE

PERSONNAGES : MARC ANDERSON ; MORGANE SCAYLANE ; PATRICIA ANDERSON ; RICKY JOYNES ; BRITANIE SALLASCO ; ANGELA DAVIES ; LUISA ; PHILIP ; ENZO.SC.

Résumé :

Etant une organisatrice compétente, Morgane Scaylane a été envoyé chez les Anderson, une famille riche de New-York, afin de rendre festif leur aire funèbre. Mais sa proximité avec Marc Anderson ne va pas lui faciliter la tâche.

…Avec « Un nouveau départ », découvrez ce que deviendra la vie de ces deux jeunes gens, qui ont chacun vécu une histoire tragique de leur côté, mais qui, pourtant ont un trait en commun : ils se referment comme une coquille et ne prennent plus goût à la vie. Tout ce qu'ils font, c'est la routine.

NEW-YORK:

Philip: bonjour monsieur Anderson. Que pouvons-nous faire pour vous ?

Marc : j'organise une réception pour le réveillon de nouvel an et j'ai besoin d'un organisateur pour m'aider.

Philip : très bien, comptez sur nous. Notre agence est toujours à votre disposition. Je vous enverrai une de nos meilleurs organisatrice cet après-midi.

Marc : cet après-midi ?! Pourquoi pas dès maintenant ?

Philip : c'est que mademoiselle Scaylane n'est pas encore là pour l'instant. Mais je vais la prévenir tout de suite qu'il y a du travail pour elle ici

Marc : pourquoi donc attendre quelqu'un qui n'est pas là ? Envoyez-moi celui ou celle qui est disponible pour le moment.

Philip : c'est qu'en réalité, il n'y a personne de disponible à cet époque de l'année car ils ont tous rejoins leur famille mais en cas d'urgence comme celui-ci, il y en a qui est disponible et je vais l'appeler tout de suite. Faites-nous confiance monsieur, elle sera là cet après-midi/

Marc : très bien, je ne vous donne pas plus. Si elle ne vient pas cet après-midi, vous me perdrez.

Philip : ça n'arrivera pas monsieur.

Marc : très bien.

Et Marc est parti.

Philip : ouf ! Quel tempérament ! Angela ! Appelle Morgane et dis-lui qu'il y a quelqu'un qui a besoin de son aide de toute urgence ici.

Angela : qui, ce monsieur arrogant qui vient de partir ?

Philip : c'est notre meilleur client. Nous ne pouvons pas prendre le risque de le perdre.

Angela : je doute beaucoup que Morgane puisse travailler avec cet homme.

Philip : pas de commentaire et appelle-la s'il te plait.

Angela : tout de suite monsieur.

PHILADELPHIE :

Enzo : alors, tu es toujours partante pour le travail ?

Morgane : bien sûr que oui. Mon boulot c'est ma passion ; donc au premier coup de fil, je me barre d'ici.

Enzo : tu m'étonneras toujours. Il se pourrait alors que tu ne passes pas le nouvel an ici ?

Morgane : hors de question que je rate la fête ici. Je serai là, promis.

Et le téléphone de Morgane a sonné.

Enzo : pourvu que ce ne soit pas ton patron.

Morgane a regardé son téléphone en souriant et après elle a regardé Enzo en décrochant.

Morgane : salut Angela.

Angela : salut Morgane. Comment s'est passé votre fête ?

Morgane : pas mal, et le tien ?

Angela : beaucoup d'organisations à faire. Mais j'ai été invitée à chacune des fêtes et je dirai que c'est pas mal non plus. Et heureusement que tu t'es bien amusée alors car il faut absolument que tu prennes le premier train à New-York. Monsieur Philip qui n'a pas envie de perdre son meilleur client t'a recommandé à celui-ci et il veut que tu sois ici cet après-midi.

Morgane : ah ! Et c'est sur quoi ?

Angela : tu as l'honneur de travailler avec le multimillionnaire de la ville pour organiser se fête de réveillon du nouvel an.

Morgane : je déteste les millionnaires. Mais bon, c'est ça le boulot. J'y serai, t'inquiète.

Angela : d'accord. Je te laisse et fais bon retour alors.

Morgane : merci.

Et Angela a raccroché.

Enzo : pitié, dis-moi que tu ne vas pas partir.

Morgane : désolée frangin mais le devoir m'appelle. J'aurai aimé rester encore un peu plus mais c'est ça le travail. D'ailleurs, je dois me dépêcher si je veux être là-bas cet après-midi.

Enzo : tante Marie va être triste.

Morgane : embrasse-la de ma part s'il te plait.

Enzo : prend bien soin de toi Morgane.

Morgane : oui.

L'après-midi, Morgane est arrivée à New-York. Tout de suite, elle est allée à l'agence et Philip lui a directement emmené voir Marc Anderson.

Philip : comme prévu monsieur Anderson, je vous emmène notre meilleure organisatrice : mademoiselle Morgane Scaylane. Et Morgane, voici monsieur Marc Anderson.

Morgane : ravie de faire votre connaissance monsieur.

Marc a regardé Morgane de travers.

Marc : très bien.

Philip : bon, je vous laisse maintenant. Si vous avez besoin de quelque chose, n'hésitez pas à m'en parler.

Et Philip est parti.

Marc : suivez-moi, Morgane. Je vais vous montrer la salle où aura lieu la fête.

Morgane : parce qu'il y a encore une autre salle meilleure que celle-ci ?

Marc : je voudrai que la fête se déroule ici.

Morgane : vous permettez que je vous demande quelque chose ?

Marc : allez-y. Tant que ça ne me dérange pas, je vous répondrai.

Morgane : pourquoi il n'y a aucune décoration de Noel ici alors que c'est un magnifique demeure que vous avez là et...

Marc : je déteste cette fête de l'année. D'ailleurs, je n'aime pas non plus faire la fête chez moi mais cette fois je n'ai pas vraiment le choix. Vous ai-je répondu ?

Morgane : plus ou moins ; mais je me contenterai de ça. Donc vous voulez vraiment que votre fête se déroule ici ?

Marc : oui, il y un problème ?

Morgane : il y a deux problèmes en fait.

Marc a été surpris de voir l'audace de Morgane.

Marc : lesquels ?

Morgane : 2.1 cette salle est loin d'être une salle de réception pour le simple fait qu'elle est un peu sombre et petite ; et 2.2 elle est loin de l'entrée principale. Il nous a fallu traverser presque la moitié de votre maison pour y parvenir. Ce n'est pas alors une très bonne idée de faire la réception ici. A moins que vous ne voulez qu'on décore toute la pièce afin que vos invités ne fassent des critiques désagréables.

Marc : je me fiche des critiques mademoiselle Scaylane. La fête aura lieu dans cette salle que ça vous plaise ou pas ; et pas besoin de décorer toute la maison. On décore uniquement cette salle.

Morgane : et moi, je vous dis que ce n'est pas une bonne idée. Ce sera beaucoup mieux si on le fait dans la salle où on a fait connaissance tout à l'heure.

Marc : mais qu'est – ce –que vous ne comprenez pas dans ma phrase?! J'ai dit que la réception aura lieu ici. C'est ma fête, ma maison et mes invités alors je fais ce que je veux.

Morgane : et c'est mon travail et ma responsabilité d'organiser cette fête. Vous n'auriez jamais dû faire appel à nous si vous étiez capables de l'organiser vous-même. De ce fait, je sais ce que je fais. Si mes idées ne vous plaisent pas, veuillez contacter monsieur Philip et dites-lui que vous n'avez plus besoin de moi ou que vous cherchez quelqu'un qui vous obéira les pieds de la lettre car moi, vous n'allez jamais me dire ce que je dois et ne dois pas faire pour mon travail.

Marc : monsieur Philip n'a plus rien à faire dans tout ça. C'est entre vous et moi ; et de toute façon, je suis déjà votre patron. Vous savez que vois serez très bien rémunérée ?

Morgane : oui ; mais c'est surtout pour le plaisir de réussir que je fais mon travail. Votre argent m'importe peu.

Marc : à ce que je vois, nous avons le même tempérament et il sera difficile pour nous de collaborer.

Morgane : justement monsieur Anderson. Donc, il va falloir vous décider : soit vous acceptez mes idées et je ferai de même avec les vôtre soit je démissionne déjà sans même avoir commencé.

Marc : c'est d'accord ; je cède cette fois.

Morgane : sage décision. Nous allons alors faire comme je l'ai dit. La réception se déroulera dans l'autre pièce.

Marc : je vous laisse dresser la liste de tout ce dont vous avez besoin et donnez-la à Luisa.

Morgane : vous allez où ?

Marc : ça ne vous regarde pas Morgane. Je vais seulement sortir.

Morgane : et puisque vous allez sortir, je peux faire la liste vite fait et vous allez me les chercher. On est censé travailler ensemble, non ?

Marc : oui, mais pas cette fois. Morgane, n'oubliez pas que je suis le patron : c'est moi qui donne les ordres.

Morgane : je n'oublie pas.

Marc : très bien. Aujourd'hui, c'est Luisa qui fera les courses. Pour demain, on verra encore.

Morgane : d'accord. Puis-je faire le tour de la propriété au moins ?

Marc : pourquoi faire ? Votre travail ne consiste qu'à s'occuper de la salle de réception. En plus, je vous dis de dresser la liste.

Morgane : dresser une liste peut se faire en cinq minutes. Je peux avoir une idée un peu plus précise sur ce que je vais faire en faisant le tour.

Marc ne savait plus quoi dire.

Marc : faites ce que vous voulez Morgane. Je serai là avant la tombée de la nuit et ayez la gentillesse de m'attendre, s'il vous plait.

Morgane : pourquoi ? J'ai aussi…

Marc : avez-vous un mari ou des enfants qui vous attendent ?

Morgane : non, je vis toute seule.

Marc : donc, attendez-moi.

Et Marc est parti.

Morgane : il est exaspérant.

Peu après, une petite fille est apparue. Morgane était en train de faire sa liste.

Patricia : bonjour !

Morgane : bonjour ; que puis-je faire pour toi ?

Patricia : tu es nouvelle ici, non ? Je ne t'ai jamais vu avant.

Morgane : oui, je viens d'arriver cet après-midi.

Patricia : et tu vas rester longtemps ?

Morgane : seulement quelques jours.

Patricia : oh ! C'est dommage alors. Pourtant, tu as l'air d'être si gentille. Oups ! J'ai oublié de me présenter : je m'appelle Patricia Anderson.

Morgane : ravie de te connaitre Patricia ; et moi, c'est Morgane.

Patricia : tu as u joli prénom.

Morgane : toi aussi d'ailleurs. Au moins dans cette maison, tout le monde n'est pas comme ce Marc.

Morgane disait cela à voix basse mais Patricia l'a entendue.

Patricia : qu'est – ce – qu'il a mon père ?

Morgane : hein ? Euh…non rien.

Patricia : papa est quelqu'un de bien, tu sais.

Morgane : je m'en suis aperçue.

Patricia : et qu'est – ce – que tu vas faire ici pendant seulement quelques jours?

Morgane : eh bien, il paraît que ton cher papa organise une fête pour le réveillon du nouvel an et je suis ici pour l'aider.

Patricia : une fête ?!

Morgane : oui, tu ne le savais pas ?

Patricia : non. Papa déteste les fêtes ; et encore moins si c'est à la maison.

Morgane : pourtant, il compte bien en organiser une ici.

Patricia : il n'a même pas voulu décorer la maison pour Noel.

Morgane : je vois ça.

Luisa : mademoiselle Morgane ?

Morgane : oui, c'est moi.

Luisa : monsieur Anderson m'a demandé si vous avez fini de dresser votre liste.

Morgane : bien sûr, la voilà.

Luisa : merci beaucoup.

Morgane a souri puis Luisa est partie.

Morgane : Patricia, tu me fais faire le tour de la propriété ?

Patricia : oui, avec plaisir. J'adore jouer les guides. Suis-moi.

Et elles sont parties.

Patricia : tu sais où est parti papa ?

Morgane : non. Il m'a seulement qu'il allait sortir.

Patricia : il doit surement être avec Britanie.

Morgane : qui est-ce ?

Patricia : tu ne connais pas qui c'est ? La célèbre mannequin de New-York ; c'est la copine de papa.

Morgane : ah ! Et ta mère ?

Patricia a baissé la tête.

Patricia : elle est partie au ciel quand j'avais 5 ans.

Morgane : je suis vraiment désolée.

Patricia : merci. Elle me manque beaucoup.

Morgane : oui, je comprends que ce n'est pas facile. Bon, ne parlons plus de chose triste alors. Tu sais que vous avez une très jolie maison ?

Patricia : merci Morgane.

Britanie : alors, tu as trouvé l'organisateur ?

Marc : oui, mais c'est plutôt une organisatrice. Elle s'appelle Morgane Scaylane.

Britanie : ah oui, je la connais. Elle a aussi aidé pour son remariage. Et j'avoue qu'elle est plutôt douée. Je suis sûre qu'elle fera de cette fête un moment de gloire pour toi.

Marc : tu sais que je n'aime pas vraiment les fêtes. Je n'ai même pas encore parlé à Patricia.

Britanie : je suis sûre qu'elle comprendra.

Marc : je lui parlerai ce soir.

Britanie : Patty est une petite fille très intelligente.

Marc : oui ; mais malheureusement pour elle, elle ne l'emploie pas pour comprendre ce genre de situation. Elle préfère l'utiliser pour autre chose.

Britanie : je peux lui parler si tu veux. En plus, je dois bien m'habituer puisque bientôt, je vais faire partie de la famille ; n'est – ce pas mon amour ?

Marc : on verra Britanie.

Le soir, quand Marc est rentré, il a cherché Morgane.

Marc : où est Morgane, Luisa ?

Luisa : elle est rentrée monsieur.

Marc : pourtant, je lui avais bien dit de m'attendre. Cette femme est vraiment impossible. Elle n'en fait qu'à sa tête.

Patricia : c'est moi qui lui ai dit de partir papa.

Marc : bonsoir chérie.

Marc a pris Patricia dans ses bras et lui a fait un gros câlin.

Marc : comment s'est passe ta journée ?

Patricia : heureusement que Morgane était là si non, je me serai ennuyée encore une fois.

Marc : je suis désolé ma chérie.

Patricia : tu es tout le temps désolé papa. Tu n'es jamais là pour moi par contre, tu trouves du temps pour Britanie et lui faire plaisir.

Marc : je te promets que je ferai de mon mieux à la prochaine fois.

Patricia : Morgane m'a dit la raison pour laquelle elle est ici. Tu n'as même pas voulu décorer la maison pour Noel et qu'est – ce – qu'il y a de si important pour faire la fête papa ?

Marc a soupiré.

Marc : Britanie a voulu qu'on fête ma réussite dans les affaires et elle a trouvé que ce moment était parfait pour prendre un nouveau départ. Mais crois-moi, je ne voulais pas qu'on l'organise dans cette salle mais c'est Morgane qui a insisté pour qu'on la fasse ici.

Patricia : le problème n'est pas le lieu papa. C'était l'endroit préféré de maman alors je trouve que c'est une bonne idée de le décorer mais, tu n'as pas voulu faire le moindre effort pour me faire plaisir. Mais maintenant que Britanie est dans ta vie alors, tu lui permets tout et tu fais toujours ce qu'elle te demande.

Marc : qu'est – ce – que Morgane t'a dit exactement ? Tu ne m'as jamais parlé ainsi.

Patricia : elle ne m'a rien dit papa. Elle m'a juste dit pourquoi elle est ici quand je le lui ai demandé.

....

Angela : alors, comment s'est passé ton premier jour ?

Morgane : pas facile mais pas mal non plus. Ce monsieur est vraiment un grognon en plus, c'est un prétentieux ; je n'aime pas vraiment son caractère et je crois qu'il va falloir que je change de tactique avec lui. Et je ne dois en aucun cas me montrer faible face à lui ; je dois lui prouver que je sais ce que je fais puisque c'est mon travail.

Angela : ne me dis pas que tu comptes encore reprendre tes mauvais es habitudes d'avant Morgane.

Morgane : être un peu rebelle envers son patron n'est pas du tout une mauvaise habitude Angela. Surtout quand il s'agit d'un patron comme celui-ci.

Angela : tu m'étonneras toujours Morgane. Et est – ce par hasard tu lui as déjà trouvé un surnom, comme tu le fais d'habitude.

Morgane : oh que j'en ai. Même si j'avoue que j'ai un peu exagéré sur le fait.

Angela : comment ça ?

Morgane : je l'ai surnommé monsieur le prétentieux-séduisant.

Angela : sans blague Morgane !!! C'est la première fois que je t'entends dire un homme séduisant.

Morgane : puisqu'il l'est. Mais on dirait que Dieu s'est trompé de personne en lui donnant une beauté pareille.

Angela : mamamia…est – ce – que c'est vraiment toi Morgane ?

Morgane : mais qu'est – ce – ce que tu as Angela ? Je crois que tu as beaucoup bu.

Angela : tu ne te rends peut-être pas compte mais tu viens de dire que ton patron est beau et qu'il n'aurait pas dû l'être.

Morgane : je sais ce que j'ai dit Angela.

Angela : ne me dis pas qu'il t'a fait tourner la tête.

Morgane : pas du tout ; je t'ai dit que je ne l'aime pas. Ce qui m'a beaucoup étonné chez lui, c'est son insensibilité.

Angela : comment ça ?

Morgane : figure-toi qu'il n'y a aucune décoration de Noel chez lui alors qu'il a une magnifique petite fille.

Angela : il a peut-être ses raisons. Peut-être qu'ils n'ont pas été là le jour de Noel.

Morgane : monsieur m'a carrément fait comprendre qu'il déteste cette fête de l'année. Et crois-moi, je découvrirai pourquoi.

Angela : en plus d'être une rebelle, tu vas aussi jouer les détectives chez lui.

Morgane : sa fille me fait de la peine.

Angela : ne fais pas n'importe quoi Morgane. Contente-toi seulement de faire ton travail.

Morgane : je vais le faire mon travail sans chercher de problèmes. Bon, je dois te laisser maintenant. J'ai encore du boulot à faire. Je passerai à l'agence dès que je peux.

Angela : tu fuis la conversation Morgane.

Morgane : bonne soirée Angela.

Angela : c'est ça ; bonne soirée.

Le lendemain, Morgane est venue chez les Anderson à 8h du matin. D'habitude, c'est son heure de travail. Une fois qu'elle est arrivée, elle a vu Marc avec un air stricte au visage.

Morgane : bonjour M^{eur} Anderson.

Marc : bonjour.

Morgane a seulement souri et après elle a voulu partir mais Marc l'a interpellée et il s'est approché d'elle.

Marc : je vous ai dit de m'attendre hier soir.

Morgane : oui, mais vous avez dit « aillez la gentillesse ». Je n'ai pas été gentille alors, je suis partie. En plus, vous m'avez dit que vous serez là avant la tombée de la nuit ; mais ce n'était pas le cas. Je vous ai attendu jusqu'à 22h et vos n'êtes pas arrivé, donc quand Patricia m'a dit de partir, je suis partie. A la prochaine fois que je vous poserai une question, tâchez de me répondre clairement au lieu de me répondre par vos énigmes.

Marc : et encore une chose : ce n'est pas une heure pour commencer à travailler. Vous devez commencer plus tôt la prochaine fois.

Morgane : vous plaisantez j'espère. Je suis arrivée à 8h pétante.

Marc : la prochaine fois, commencez à 7h. On aura la chance de finir beaucoup de choses comme ça. Et encore une dernière chose.

Morgane : laquelle ?

Marc : vous auriez dû vous taire quand Patricia vous a demandé ce que vous faites ici.

Morgane : comment aurai-je pu savoir que vous avez omis votre propre fille de cette fête.

Marc : je ne l'ai pas omise. Je comptais lui en parler hier soir.

Morgane : eh bien, la prochaine fois aussi, avant de décider de faire quoi que ce soit, informez votre fille en première. Elle est peut-être une enfant, mais croyez-moi, son opinion vaut bien plus que la vôtre. Maintenant, si vous permettez, je vais continuer ce que j'ai commencé.

Et Morgane est partie.

Marc : Morgane !!! Attendez !!!

Et Morgane s'est arrêtée.

Morgane : oui, je vos écoute.

Marc : vous êtes virée.

Morgane : pardon ?!

Marc : vous avez bien entendu : vous êtes virée.

Morgane n'a rien dit.

Marc : hier, j'ai pu tolérer ; mais aujourd'hui, s'en est trop. Je ne supporte plus aucune insolence de votre part. C'est comme ça que vous travaillez ? En ne faisant que votre tête sans écouter votre patron ?! Et ne vous inquiétez pas pour l'argent, vous serez indemnisée. Je ferai parvenir votre chèque à monsieur Philip.

Morgane : non, gardez votre argent ; je n'en n'ai pas besoin. Je vous souhaite bonne chance pour votre fête monsieur Anderson.

Et Morgane est partie. Elle est directement allée à l'agence. De l'autre côté, Britanie est venue.

Britanie : bonjour mon amour.

Britanie a tout de suite embrassé Marc.

Marc : je ne suis pas d'humeur Britanie.

Britanie : de si bon matin ?! Mais qu'est – ce – qui se passe ?

Marc : j'ai viré Morgane.

Britanie : quoi ?! Mais pourquoi ?

Marc : parce qu'elle m'a mal parlé. Figure-toi qu'elle a osé me critiquer sur ce que je fais.

Britanie : mais la réception sera dans moins de 5 jours.

Marc : je sais. Mais ne t'inquiète pas, je tâcherai de trouver un remplaçant le plus vite. En attendant, tu peux peut-être commencer quelques trucs.

Britanie : quoi ?! Non. Tu sais parfaitement que je ne m'y connais rien aux décorations.

Marc : dans ce cas, je vais en trouver. D'ailleurs, j'y vais tout de suite.

Britanie : je vais venir avec toi.

Et ils sont partis.

Angela : je t'ai déjà dit de te tenir à l'écart de ses affaires de famille mais tu ne m'as pas écouté.

Morgane : je voulais seulement lui donner un petit conseil. Et de toute façon, ça m'est égal. Franchement, à part moi, qui aurait voulu travailler à une période pareille.

Angela : qu'est – ce – que tu vas faire maintenant ?

Morgane : je vais retourner à Philadelphie. Mais pas aujourd'hui. Je partirai demain. Et espérons que ma voiture sera réparée comme ça, je n'aurai pas à dépenser pour le train.

Angela : incroyable mais vrai Morgane.

Morgane : et si on allait faire un petit tour ? Question de se changer un peu les idées.

Angela : ça marche.

Peu après, elles sont parties.

De côté, Marc et Britanie n'ont trouvé aucun organisateur. Ils ont parcouru tous les agences mais aucun de leur employé n'est disponible.

Britanie : qu'allons-nous faire maintenant ?

Marc : je ne sais pas. Peut-être qu'on devrait tout annuler. On n'a pas encore distribué les invitations.

Britanie : non ; on ne peut pas faire ça. Tu sais quoi, dépose-moi ici.

Marc : qu'est – ce – que tu vas faire ?

Britanie : je ne m'y connais peut-être rien en décoration mais je crois que je peux faire quelque chose.

Et Britanie est sortie de la voiture. Elle a pris u taxi et elle est partie. Marc n'a aucune idée de ce qu'elle a en tête.

Peu après, pendant qu'il réfléchit à une solution, il a vu Morgane et Angela de l'autre côté de la rue faire du shopping en rigolant.

Marc : à ce que je vois, mademoiselle Morgane se fiche complètement du fait qu'elle a perdu son boulot.

Britanie est allée à l'agence où travaille Morgane mais ils lui ont répété la même chose que les autres. Sauf que la responsable lui a donné le numéro de Morgane pour qu'elle puisse l'appeler.

Britanie : merci mademoiselle.

Et Britanie a appelé Morgane mais celle-ci tombe toujours sur son répondeur.

Peu après, elle a rejoint Marc.

Marc : où étais-tu ?

Britanie : écoute Marc, ravale un peu ta fierté et appelle Morgane. Tiens, j'ai eu son numéro. Dis-lui de revenir. Lui présenter tes excuses ne te fera rien.

Marc : ça me rabaisse et je ne veux pas.

Britanie : pour une fois dans ta vie Marc ; ça ne va pas te tuer. Tiens, prend le numéro et appelle-la.

Marc a regardé Britanie parce qu'il a un peu hésité. Après, il a appelée Morgane. Mais comme Britanie, il est tombé sur son répondeur.

Marc : elle ne répond pas.

Britanie : essaie un peu plus tard. Cette femme est notre seule issue.

Marc : je n'aime pas sa façon de réagir et de me dicter ce que je dois faire.

Britanie : on s'en fou de son caractère Marc. Ce qui compte, c'est son travail. En plus, elle n'est là que pendant quelques jours.

Marc : tu sais quoi, je te ramène à la maison. J'irai chercher Morgane un peu plus tard.

Britanie : tu as son adresse ?

Marc : je la trouverai grâce à ce numéro.

Britanie : j'espère seulement qu'elle va accepter.

Marc : elle a plutôt intérêt.

Et Marc a raccompagné Britanie chez lui. Après, il a entré le numéro de Morgane sur son GPS et celui-ci a indiqué son adresse.

....

Morgane : la chance ! Ma voiture sera disponible cet après-midi.

Angela : je suis sûre qu'ils seront heureux de te revoir.

Morgane : oui. Surtout ma tante Marie. Je n'ai même pas pu lui dire au revoir l'autre jour.

Angela : tu pourras te rattraper cette fois.

Morgane : je l'espère.

PHILADELPHIE :

Marie : mais pourquoi Morgane est partie ?

Enzo : tu la connais maman ; il n'y a pas plus important pour Morgane que son travail.

Marie : elle sera là au moins le réveillon.

Enzo : elle me l'a promis mais je ne sais pas vraiment.

Marie : appelle-la pour confirmer.

Enzo : elle sera là maman.

Marie : tant mieux alors. Parce que passer les fêtes sans elle, ce n'est pas vraiment quelque chose de bon. On finira par se séparer à la fin.

Enzo : ça n'arrivera pas maman. Morgane est peut-être obsédée par son travail, mais sa famille compte beaucoup pour elle.

Marie : elle n'aurait jamais dû partir. Elle avait un bel avenir ici. Pourquoi fallait-il qu'elle suive les pas de sa sœur ?

Enzo : maman, arrête un peu de t'inquiéter pour ça.

Marie : j'ai peur de la perdre, tu sais.

Enzo : et tu ne vas la perdre. Morgane sait ce qu'elle fait. Et jamais elle ne fera quelque chose qui pourrait te vexer ou te rendre triste.

Marie : tu as raison. Je vais lui faire confiance.

Enzo : c'est ça, oui.

NEW-YORK :

Quand Morgane est arrivée chez elle, elle s'apprêtait à faire sa valise quand quelqu'un a sonné à sa porte.

Morgane : j'arrive, j'arrive… Vous ?

Marc : oui, c'est moi. Puis-je entrer ?

Morgane : bien sûr. Que puis-je faire pour vous ?

Marc : wow !!! Je vois que l'esprit de Noel est bel et bien en vous.

Morgane : exactement. Ne me dites quand même pas que vous êtes venu jusqu'ici juste pour critiquer ma maison. En plus, comment avez-vous fait pour trouver mon adresse ?

Marc : rien de plus compliqué avec la technologie. Et si je suis ici, c'est pour vous demander de revenir travailler avec moi.

Morgane a été surprise. Elle a même rigolé.

Marc : ai-je dit quelque chose de drôle ?

Morgane : oui. Le fait que vous êtes venu jusqu'ici pour me demander ça. Il y a peine quelques heures, vous étiez très stricte en me disant que je suis virée. Et là, vous voulez vraiment que je redevienne votre organisatrice ?!

Marc : avez-vous un problème auditif ?

Morgane : j'étais sur le point de rentrer chez moi.

Marc : vous comptiez vraiment partir ? Sans aucun souci ?!

Morgane : pourquoi aurai-je un souci ? Ce n'est pas ma fête qui partira en vrille.

Marc : ne vous moquez pas de moi, Morgane. Alors, vous acceptez ou pas ? Si c'est nécessaire, je doublerai vos honoraires.

Morgane : et combien de fois dois-je vous répéter que votre argent m'importe peu ?

Marc : s'il…vous…plait, Morgane, revenez.

Morgane : à une seule condition.

Marc : laquelle ?

Morgane : que vous me laissez faire mon travail et que vous écoutez mes conseils.

Marc : d'accord ; je vais essayer.

Morgane : dans ce cas, marché conclu. Mais souvenez-vous monsieur Anderson que si vous essayez de faire le malin, je me casse et si c'est le cas, pour tout l'or du monde, je ne reviendrai pas.

Marc : je vais vous attendre dehors.

Morgane : quoi ?! Non, non, non. Je me rendrai là-bas cet après-midi.

Marc : je vous ai dit que je vais vous attendre. Vous pouvez parfaitement déjeuner chez moi. En plus, ça ferait plaisir à ma fille.

Morgane : si c'est pour elle, j'accepte. Attendez-moi alors ; je serai à vous dans 15 minutes.

Marc : quoi ?!!! Grrrrr...D'accord.

Et Marc est sorti. Cinq minutes plus tard, Morgane est sortie et a rejoint Marc dans sa voiture. En chemin,...

Morgane : ça vous arrive souvent de licencier vos employés quand ils ne font pas ce que vous vous dites et de les réembaucher après ?

Marc : mes employés ne sont pas comme vous.

Morgane : ça ne répond pas à ma question. Avez-vous déjà oublié ce que je vous ai dit ce matin ?

Marc : arrêtez Morgane. Vous êtes agaçante.

Morgane : et alors ?!

Marc : donc, taisez-vous.

Morgane : c'est plutôt vous qui qui est agaçant.

Marc n'a plus dit un mot jusqu'à leur arrivé.

Marc : commencez à travailler maintenant.

Morgane : tout de suite.

Et Morgane est partie.

Marc : bon sang, mais que m'arrive-t-il avec cette femme ?! Chaque fois que je la vois comme si elle m'électrocute.

....

Britanie : bonjour Morgane. Ravie que vous ayez accepté de revenir.

Morgane : c'est un plaisir Mademoiselle.

Et Patricia est arrivée.

Patricia : Morgane, t'es là !!!

Morgane : bonjour jolie princesse. Comment tu-vas ?

Patricia : bien. Où tu étais passée ce matin ? Je t'ai entendu arriver et parler avec papa pourtant, tu n'es pas entrée ici.

Morgane : euh...ton père m'a demandé de chercher quelque chose et je suis allée le récupérer.

Patricia : je suis contente que tu sois là. Je suis prête à t'aider pour organiser cette fête que certaine attend avec impatience.

Et Patricia regardé Britanie de travers.

Morgane : très bien alors. Tu seras mon assistante personnelle.

Patricia : ça marche.

Britanie : mais Patty, ton père, …

Patricia : papa ne m'empêchera pas d'aider Morgane, Britanie.

Britanie : comme tu voudras alors.

Et Britanie est partie.

Patricia : alors patronne, que dois-je faire ?

Morgane : eh bien, va dans la cour et regarde s'il y a un homme qui veut venir ici. Il s'appelle Ricky Joynes et ramène-le.

Patricia : tout de suite.

Et Patricia est partie en courant.

De l'autre côté, le Ricky est arrivé et Marc lui fait une inspection.

Marc : qui êtes-vous ?

Ricky : je m'appelle Ricky Joynes et je suis ici pour aider Morgane Scaylane. D'ailleurs, je suis son fidèle assistant.

Marc : j'ignorais que Morgane avait besoin d'un assistant. En plus, elle n'en aura pas besoin. Je suis là pour l'aider même si je suis son patron.

Ricky : Morgane a toujours travaillé avec moi, monsieur ; elle ne travaille avec personne d'autre.

Marc a été surpris.

Marc : ah bon ! Vous devez être quelqu'un de très spécial pour elle alors.

Ricky : exactement.

Marc : son mari, son fiancé ou son petit-ami ?

Patricia : bonjour ! Vous devez être Ricky ?

Ricky : oui, c'est moi.

Patricia : je suis l'assistante personnelle de Morgane et elle m' demandé de vous ramener avec moi.

Marc : attendez attendez, c'est quoi cette histoire d'assistant sans cesse ?

Patricia : le vrai assistant de Morgane c'est Ricky, papa. Moi, je suis sa suppléante.

Marc : n'importe quoi. Laisse Morgane travailler tranquillement. Ne l'embête pas.

Patricia : mais je ne l'embête pas papa. Au contraire, je l'aide à organiser ta fête pour que ce soit plus rapide. Je trouve déjà Britanie très impatiente. Suivez-moi, Ricky.

Ricky : d'accord. Ravi d'avoir fait votre connaissance monsieur Anderson.

Et Patricia et Ricky sont partis.

Patricia : vous avez l'air sympa Ricky.

Ricky : ah oui ?! Quand on travaille avec Morgane, on change n'a pas vraiment le choix que de changer.

Patricia : vous êtes son compagnon ?

Ricky : non ; on est juste collègue de travail ; et de bons amis aussi. Et entre nous, tutoie-moi, s'il te plait.

Patricia : okiii, Ricky.

Morgane : merci beaucoup Patricia.

Patricia : je t'en prie.

Ricky : tu as une meilleure assistante Morgane.

Morgane : je constate, oui.

Patricia : autre chose ?

Morgane : va aider Britanie à choisir les rubans pour la décoration.

Patricia : d'accord.

Et Patricia est partie.

Ricky : dis donc, le patron ne rigole pas du tout.

Morgane : quelle scène il a encore fait ?

Ricky : comment ça encore ? Ça fait à peine un jour que tu es ici et tu as déjà trouvé quelque chose d'anormale chez ton patron.

Morgane : il est arrogant et prétentieux.

Marc l'a entendue.

Marc : et vous, vous êtes un casse-pied et insupportable.

Morgane : mais au moins moi, je suis raisonnable.

Marc : parce que moi, non ?

Morgane : oui.

Ricky : oh oh oh...du calme tous les deux. On n'aboutira à rien si vous continuez toujours comme ça.

Marc : c'est votre Morgane qui a commencé.

Morgane a encore voulu répliquer mais Ricky l'a interrompue.

Ricky : permettez-moi de vous corriger monsieur, ce n'est pas ma Morgane. Et arrêtez s'il vous plait.

Et Marc est parti.

Morgane : tu vois, ce n'était qu'un aperçu de son caractère.

Ricky : mais toi aussi, tu en as Morgane. Alors, ne rejette pas tout sur lui. Monsieur Anderson est ton patron, alors peu importe comment il est, tu lui dois obéissance.

Morgane : je ne supporte pas les arrogants Ricky. Bon, assez discuter maintenant et au boulot.

Ricky : oui.

Morgane : occupe-toi de la musique. Trouve des bonnes musiques et après, on les fera écouter à monsieur arrogant voir, s'il va aimer.

Ricky : je m'en occupe.

Et Ricky est parti feuilleter son ordinateur.

Peu après, Luisa est venue leur annoncer que le déjeuner est servi. Alors Marc les a dit de faire une pause et de les rejoindre pour déjeuner.

Marc : servez-vous.

Patricia : ça fait plaisir de voir plusieurs personne autour de la table. Pas comme d'habitude, il n'y a que moi et Luisa.

Britanie : si tu veux, je peux venir déjeuner ici tous les jours.

Patricia : comme tu voudras Britanie.

Après le déjeuner, Britanie est partie et Marc est allé l'accompagner.

Ricky : cette fête a – t – elle une raison spéciale ?

Morgane : je n'en sais rien du tout. Attend, je vais le demander.

Ricky : monsieur n'est pas là.

Morgane : où est-il encore allé ?

Ricky : parti avec sa fiancée.

Morgane : et dire qu'il a dit qu'il va travailler avec nous.

Ricky : il est un peu bizarre.

Morgane : trop même. Tu te rends comptes qu'il n'a même pas voulu décorer la maison pour sa fille ?!

Marc : j'ai mes raisons mademoiselle Morgane. Et on dirait que vous vous amusez à parler de moi.

Ricky : on est désolé monsieur. Au fait, tenez, j'ai trouvé des musiques pour vous.

Marc : des musiques ?! Pourquoi faire ? On en n'a pas besoin.

Morgane : vous plaisantez, j'espère. Si c'était le cas, vous auriez dû appeler les pompes funèbres. Vous voulez faire une fête sans musique ? Ce n'est pas une fête, dans ce cas. Ou dites, il y a une raison spéciale pour cette fête ?

Marc : oui. Pour fêter ma victoire dans le monde des affaires.

Morgane : dans ce cas, aucune discussion. Ricky, fais-lui écouter tes musiques.

Marc a soupiré et Ricky l'a emmené.

Peu après, Morgane a demandé à Ricky d'aller chercher sa voiture chez son concessionnaire et il a accepté. Pendant ce temps, Morgane a pris le temps d'inspecter la salle où aura lieu la réception. Elle a trouvé une photo d'une magnifique jeune femme posé dans un endroit un peu caché sur la commode. Elle l'a prise et l'a admirée pendant des minutes quand Marc est arrivé derrière elle.

Marc : c'était ma femme. Elle adorait cette partie de la maison.

Morgane : je la reconnais. Ma sœur était son assistante. Elle était son idole. Fiona voulait être comme elle.

Marc : Fiona était votre sœur ?!

Morgane : oui. Elles sont mortes au même moment.

Marc : je suis désolé pour elle. C'était un terrible accident ; la veille de Noel.

Morgane : je n'étais pas là quand ça s'est passé.

Marc : comment ça ? Où étiez-vous ?

Morgane : à l'hôpital. J'ai fait une dépression quand j'ai su la nouvelle. Je n'ai même pas pu la voir et lui faire mes adieux.

Marc : c'est pour ça que je déteste Noel et que je ne veux même pas la moindre décoration ici. Patricia et moi avions déjà décoré la maison pour l'accueillir car elle adorait cela. Pourtant, on nous a annoncé sa mort. C'était comme si le ciel m'est tombé sur la tête.

Morgane a vu que les yeux de Marc étaient rouges et que des larmes coulaient doucement le long de ses joues.

Morgane : je suis vraiment désolée pour tout ça. Je n'aurai pas dû prendre la photo.

Marc : ne le soyez pas. Je ne sais même pas pourquoi je vous ai raconté tout ça.

Morgane : vous avez eu besoin de tout sortir, c'est tout. Bon, je vais me remettre au travail.

Marc : où est Ricky ?

Morgane : il est parti chercher ma voiture chez le concessionnaire.

Marc : ah d'accord.

Et Morgane est partie.

Toute cette histoire avec la mort de la femme de Marc ainsi que de sa sœur a beaucoup ému Morgane. Elle ne savait pas ce qui lui arrivait, elle a tout d'un coup eu de la peine pour Marc.

Le soir, ni Morgane ni Marc n'arrivait à dormir de son côté. Apparemment, leur histoire les a beaucoup troublés. Morgane n'arrêtait pas de penser à Marc et de même pour lui.

Morgan a regardé son téléphone, elle voulait l'appeler mais elle n'a pas osé. C'est plutôt Marc qui l'a appelée. Elle a été surprise de voir le nom apparaître sur son écran : monsieur beau arrogant.

Morgane : ne voyez-vous pas l'heure qu'il est ?

Marc : bien sûr que je la vois. Je voulais seulement m'assurer si vous allez bien.

Morgane : dites donc mais ne me dites pas que vous vous inquiétez pour moi.

Marc : ce n'est pas le cas.

Morgane : et pourquoi ne devrai-je pas aller bien selon vous ?

Marc : je ne sais pas. Après notre conversation de cet après-midi, j'ai vu que vous n'étiez plus la même.

Morgane : c'est plutôt vous qui n'allait pas bien. Mais merci quand même d'avoir eu la gentillesse de pendre de mes nouvelles.

Marc : mais je vous en prie. Bon, je vous laisse maintenant. Et n'oubliez pas que demain c'est à 7h.

Morgane : ne comptez pas sur moi monsieur Anderson. Je serai là-bas à 8h, comme d'habitude. Bye !!!

Et Morgane a raccroché. Elle a souri après.

Marc : quelle têtue celle-là. Mais Marc, qu'et – ce –qui t'a pris de l'appeler à une heure pareille ?!

Le lendemain, Morgane est arrivée à 8h. Marc l'attendait déjà dans le jardin couvert de neige. Quand Morgane est arrivée, elle a fait semblant de ne pas le voir or elle l'a déjà aperçu depuis le portail. Elle s'est directement dirigée vers la maison quand Marc l'a interpellée et l'a attrapée par le poignet en s'approchant plus près d'elle.

Marc : on ne dit plus bonjour dorénavant ?

Il disait cela près de l'oreille de Morgane que celle-ci a senti la respiration de son interlocuteur dans son cou. Ce qui lui a procuré des frissons.

Morgane : bonjour monsieur.

Morgane n'a pas regardé Marc.

Marc : vous avez froid ?

Morgane : non.

Marc : pourtant vous frissonnez.

Marc ne s'est toujours pas éloigné de Morgane.

Morgane : votre main est glacée.

Marc : c'est à cause de notre contact que vous frissonnez. Sachez que vous me procurer la même sensation.

C'est là que Morgane a regardé Marc ; elle était étonnée. Ils sont si proches…et se sont regardés. Morgane a entendu son cœur battre à la vitesse qu'elle n'a jamais senti et sa respiration commençait à être irrégulière. Marc lui tenait toujours le poignet.

Peu après, Morgane s'est éloignée. Elle repris son souffle et elle est directement entrée dans la maison.

Ricky était déjà là et il déjà commencé à travailler avec Patricia.

Morgane : bonjour.

Ricky & Patricia : bonjour.

Patricia : je pensais que papa t' encore demandé d'aller chercher quelque chose à sa place.

Morgane : cette fois, non.

Marc est entré et il a regardé Morgane. Celle-ci faisait la même chose sauf qu'elle a très vite détourné son regard.

Morgane : alors Ricky, les musiques sont-elles prêtes ?

Ricky : oui.

Patricia : il me les a fait écouter tout à l'heure. Elles sont superbes.

Morgane a souri.

Ricky : et monsieur les a adorées.

Morgane : tant mieux alors. De toute façon, l n'a pas vraiment le choix.

Ricky : on déjà commencé à préparer les invitations.

Morgane : ah ! Merci beaucoup alors. Je vais demander à Luisa de m'aider à emménager cette salle alors.

Ricky : ok. Patricia, tu viens m'aider ?

Patricia : oui.

Et Patricia et Ricky sont partis.

Luisa : mademoiselle Morgane, monsieur vous demande dans son bureau.

Morgane : d'accord.

Et Morgane y est allée.

Morgane : vous me cherchez ?

Marc : oui. Je veux que vous veniez avec moi, faire la commande des boissons.

Morgane : vous ne pouvez pas faire ça tout seul ? J'ai encore prévu autre chose.

Marc : non, je ne peux pas. Nous irons faire la commande tous les deux et comme ça, demain, vous n'aurai plus besoin de moi pour les récupérer.

Morgane : c'est Ricky qui se charge d'aller les chercher. Alors, c'est avec lui que vous devriez y aller pas avec moi.

Marc : c'est avec vous que je veux y aller !

Morgane : et moi, j'ai autre chose à faire.

Marc : ah Morgane ! vous êtes vraiment désespérante. Pourquoi vous ne faites jamais ce que je vous dis de faire ?!

Morgane : parce que je veux que vous me laisser tranquille faire mon travail. A chaque fois que e fais quelque chose, vous trouvez toujours le temps de m'interrompre.

Marc : c'est ce que font les patrons, non ?

Morgane : oui. Et c'est pour ça que je ne les obéis pas.

Ricky : excusez-moi, monsieur, je voulais vous…

Morgane : Ricky, accompagne monsieur faire la commande des boissons. Vous pourriez discuter en chemin.

Marc : allons-y Ricky.

Et ils sont partis.

Morgane : calme-toi Morgane. Respire à fond. Tu ne peux pas être faible.

Luisa : les décorateurs sont là mademoiselle.

Morgane : merci Luisa.

………………………………………………………………………………………………

Marc : ça fait combien de temps que vous travaillez avec Morgane ?

Ricky : depuis le début de sa carrière. Environ 3 ans et quelques et j'ai adoré chaque moment passé avec elle.

Marc a froncé les sourcils.

Ricky : ah non ! Ce n'est pas du tout ce que vous pensez. Entre Morgane et moi, il n'y a rien du tout. C'est juste professionnel ; même si on est très proche.

Marc : ah ! Et elle a toujours été comme ça ? Désobéissante, têtue,...elle a toujours eu ce caractère un peu dur ?

Ricky : pour être franc, Morgane n'a jamais aimé qu'on lui dise quoi faire. Elle n'aime pas être commandée par qui que ce soit. Et ça ne pose problème à aucun d'entre nous parce que Morgane sait ce qu'elle doit faire. Morgane a ce don de tout bien organiser.

Marc : ah d'accord. Je comprends maintenant pourquoi on ne s'entend jamais. Moi, j'ai ce don de tout dicter alors qu'elle, elle n'aime pas ça. Et encore une question un peu perso...

Ricky : laquelle ?

Marc : Morgane sort-elle avec quelqu'un de particulier ?

Ricky : pas du tout ; enfin à ce que je sache. Mais pourquoi me posez-vous toutes ces questions concernant Morgane ?

Marc : pour rien de particulier. Je me suis toujours demandé depuis qu'elle est ici, pourquoi on n'arrive jamais à être sur la même longueur d'onde. J'aimerai connaître un peu plus sur elle pour pouvoir éviter qu'elle ne saute chaque fois qu'on se croise.

Ricky : ah d'accord.

Marc : tu voulais me demander quelque chose tout à l'heure, c'était quoi ?

Ricky : ah oui ! J'étais en train d'imprimer les invitations et je voulais savoir combien d'invités allez-vous inviter ?

Marc : ah ! Pas beaucoup au fait. Je te donnerai la liste une fois qu'on sera rentré.

Ricky : d'accord, monsieur.

Marc : et n'oubliez pas que vous serez aussi invités.

Ricky : merci beaucoup.

Marc : mais je vous en prie. C'est la moindre des choses que je puisse faire.

Britanie : où est Marc ?

Morgane : il est parti avec Ricky faire la commande des boissons. Vous avez besoin de quelque chose ?

Britanie : euh...oui, en effet. J'aimerai que vous m'aidiez à choisir ma tenue pour cette fête. Je sais que ça ne fait pas partie de vos tâches mais je vous demande juste pour un coup de main.

Morgane : mais la réception n'a lieu que dans quatre jours.

Britanie : oui. Mais il est important pour moi de choisir la tenue adéquate pour cette réception et il faut que je sois parfaite.

Morgane s'efforçait de sourire.

Britanie : alors, vous allez m'aider ?

Morgane : bien sûr.

Britanie : merci beaucoup. Dites Morgane, ça ne vous dérange pas si je vous tutoie ?

Morgane : pas du tout.

Britanie : allons-y alors.

Et elles sont parties.

Quelques heures plus tard, elles sont revenues pour le déjeuner.

Britanie : bonjour mon amour…

Britanie a embrassé Marc. Ça se voyait que celui-ci a été embarrassé par ce geste et il n'a plus embrassé Britanie comme il le faisait avant. En plus, il a regardé Morgane. Celle-ci est partie.

Britanie : qu'est – ce – qu'il y a Marc ? ça ne s'est pas bien passé ?

Marc : si, si ; tout va bien. Tu es allée où avec Morgane ?

Britanie : elle m'a aidé à choisir ma tenue pour la fête. Et je constate qu'elle a vraiment du bon goût.

Marc : et où est-elle maintenant ?

Britanie : avec Ricky. Je vois qu'ils sont très proches. Est – ce – que par hasard…

Marc : non ! Entre Morgane et Ricky, il n'y a rien du tout. Ricky me l'a assuré.

Britanie : dis donc mais tu le prends vraiment à cœur cette histoire.

Marc : je vais aller les prévenir que le repas est prêt et que nous allons déjeuner.

Britanie : pourquoi toi ? Luisa n'a qu'à le faire. Reste ici avec moi. Ça faisait vraiment longtemps qu'on n'a pas passé du bon temps ensemble.

Et Britanie a commencé à embrasser Marc ; ses baisers étaient provocateurs mais Marc a résisté.

Marc : non Britanie ; je n'ai pas envie…

Et Marc s'est levé. Et Britanie a été très surprise car c'est la première fois que Marc le repoussait ainsi avec un ton ferme. Marc est allé prévenir Morgane et Ricky. Une fois qu'il est arrivé dans la pièce où sont Morgane et Ricky, il a entendu Morgane rire en tenant la main de Ricky. Là, Marc a ressenti une vague de jalousie lui transpercer le cœur.

Marc : désolé de vous interrompre mais le déjeuner est servi et on n'attend plus que vous.

Ricky : allons-y alors.

Pendant le déjeuner,...

Marc : Morgane, je me suis dit que c'est mieux si vous restiez ici durant les prochains jours.

Morgane : pourquoi devrai-je rester ici ?

Marc : pour que vous puissiez travailler tranquillement sans se soucier de l'heure.

Morgane : non merci. Je préfère rentrer chez moi. Ma voiture est là pour m'aider à faire le trajet.

Britanie : Morgane a raison mon amour. Pas la peine qu'elle vienne habiter ici.

Marc : je ne t'ai pas demandé ton avis Britanie. Morgane, faites ce que je vous dis de faire.

Morgane : désolée de vous contredire encore une fois mais ma réponse est non.

Marc : mais pourquoi est – ce – ce vous ne m'écoutez jamais bon sang ?!

Marc s'est énervé et a élevé le ton. Tout le monde a été surpris.

Marc : je n'ai plus faim.

Et il est parti. Britanie a voulu le suivre mais il n'a pas voulu.

Patricia : tout ça s'est de ta faute Britanie.

Britanie : pourquoi est – ce ma faute ? Ton père s'énerve pour un rien.

Morgane et Ricky se sont regardés.

Peu après, Marc est revenu.

Marc : Morgane, dans mon bureau tout de suite.

Morgane a voulu répondre mais Ricky lui a fait signe de ne rien répondre et de suivre Marc.

Une fois dans le bureau,...

Marc : asseyez-vous.

Morgane : que voulez-vous Marc ?

Marc a été surpris.

Marc : Marc ?! Vous ne m'appelez plus monsieur Anderson ?

Morgane : vous m'avez fait venir ici juste pour m'empêcher de déjeuner...et maintenant,...

Marc a tout de suite embrassé Morgane. Celle-ci n'a pas réagi tellement Marc l'a pris tellement par surprise. Peu après, elle l'a repoussé.

Morgane : mais vous avez perdu la tête ou quoi ?! Votre fiancée est à deux pas d'ici et vous osez m'embrasser ?!

Marc : je suis désolé ; je ne sais pas ce qui m'a pris. Vous n'avez aucune idée de l'effet que vous me faites quand vous êtes avec moi.

Morgane : certainement comme l'effet que procure Britanie quand elle est avec vous.

Marc : non ; c'est différent. De toute façon, Britanie ne me procure aucun effet. Croyez-moi.

Morgane : dites-moi une bonne fois pour toute ce que vous voulez monsieur Anderson.

Marc : ce n'est plus Marc ?!

Morgane : Marc ou Anderson, c'est la même personne, non ?!

Marc : je vous demande gentiment de rester ici durant les prochains jours, s'il vous plait.

Morgane : vous avez un drôle de façon de demander quelque chose à quelqu'un, dites-donc.

Marc : je vous ai dit que je ne sais pas ce qui m'a pris. Je voulais sentir vos lèvres sur les miennes. Entendre votre respiration mélangée à la mienne et surtout, vous sentir contre mon corps.

Morgane n'a rien dit. Elle a seulement soupiré.

Marc : mais je vous promets que ça ne se reproduira plus.

Morgane : je ne veux pas être tout le temps sous vos yeux.

Marc : et je vous promets que je vous laisserai tranquille. Promis Morgane.

Morgane : je vais rester pour votre fille. Juste pour elle ; parce qu'elle me l'a déjà proposé. Et je suis même sûre que c'est elle qui vous a demandé de me le dire. Sauf que vous l'avez fait à votre manière. Satisfait monsieur ?

Marc : merci beaucoup Morgane.

Morgane : je peux me retirer maintenant ? Ou monsieur a encore quelque chose d'autre à m'ordonner ?

Marc : je ne vous ai rien ordonné. Et oui, c'est tout.

Et Morgane est partie.

Patricia : alors, tu papa a réussi à te convaincre ?

Morgane : disons que oui. Il ne m'a pas vraiment laissé le choix.

Patricia : je savais que seul papa allait te convaincre. Tu peux rester dès ce soir.

Marc : comme ça, vous pouvez commencer un peu plus tôt le jour prochain.

Morgane : je ne commencerai qu'à 8h.

Juste après le déjeuner, Britanie est partie.

Morgane est partie rejoindre Angela.

Angela : contente de te voir.

Morgane : et moi, j'avais hâte de te voir. Tu ne sais pas à quel point je m'étouffe dans cette maison.

Angela : qu'es – ce – qu'il y a ?

Morgane : il est insupportable.

Angela : du calme ma chère amie.

Morgane : heureusement que j'ai pu me libérer pendant une heure.

Angela : j'ai une bonne nouvelle pour toi.

Morgane : laquelle ?

Angela : Kérin m'a demandé en mariage hier soir.

Morgane : ah oui ! Mes félicitations Angela. Je suis très contente pour toi.

Angela : merci beaucoup. Je savais que ça allait te plaire. Tu seras mon témoin.

Morgane : tu peux compter sur moi.

Angela : et toi ? Quand est – ce – que ce jour arrivera ?

Morgane : ça n'arriverait peut-être jamais.

Angela : ne dis pas n'importe quoi Morgane. Quoi de neuf alors ?

Morgane : figure-toi que monsieur m'a obligé à rester chez eux le temps que la fête se termine soi-disant pour alléger mes charges.

Angela : et tu as accepté ?

Morgane : par hasard le fait d'être la future dame de monsieur Petranov t'a rendu sourde ? Je t'ai bien dit qu'il m'a obligé. Et je n'avais pas vraiment le choix.

Angela : tu as bien fait.

Morgane : mais je vois que ça n'a pas plu à la jolie Britanie.

Angela : ne me dis pas qu'elle a été jalouse ?

Morgane : c'était le cas.

Angela : a-t-elle une raison de l'être ?

Morgane s'est mise à penser au baiser de Marc.

Angela : eh oh ! Ici la terre.

Morgane : hein ? Tu disais quoi déjà ?

Angela : je t'avais demandé si Britanie avait une raison d'être jalouse de ta relation avec Marc.

Morgane : non.

Angela : pourtant, tes yeux dissent le contraire. Ne me dis quand même pas que travailler avec le plus homme de New-York ne te fait aucun effet…

Morgane : j'avoue qu'au début, sans le connaître, il m'a attiré. Mais au fur et à mesure de le côtoyer tous les jours m'a fait changer les idées.

Angela : je ne te crois pas. Je suis sûre qu'il y a quelque chose d'autre que tu ne veux pas me dire.

Morgane : il n'y a rien Angela.

Angela : pour ne pas t'énerver, je ne dirai plus rien.

Morgane : arrête un peu avec cette conversation Angela.

Angela : ce n'est quand même pas tous les jours que je vois Morgane Scaylane tomber sous le charme d'un homme. Et qui de mieux que le grand et beau Marc Anderson…

Morgane : tu sais quoi, je vais retourner travailler avant que tu ne pettes les câbles avec cette histoire.

Angela : dis plutôt que tu as hâte de le revoir.

Morgane : au revoir Angela. Et je te souhaite déjà une bonne année car tu n'es pas prête de me revoir avant une semaine. Salue Kérin de ma part.

Angela : tu n'as qu'à le faire toi-même.

Et Morgane est partie.

Quand elle est arrivée,…

Marc : avec qui étiez-vous ?

Morgane : pardon ?

Marc : avez-vous mal entendu ?

Morgane : j'ai bien entendu. Sauf que je ne comprends pas pourquoi me demandez-vous cela. Je ne savais pas que le fait que je sois ici pendant quelques jours me réserve le droit à une interrogation chaque fois que je quitte la maison.

Marc : Ricky vous attend.

Et Morgane est partie.

Marc : bon sang mais qu'est – ce – qui t'a pris Marc ? Tu ne peux quand même pas être jaloux. Non, je ne peux pas. Morgane avec son air et regard froid, m'attire beaucoup.

……………………………………………………………………………………………

Morgane : j'ai vu Angela tout à l'heure.

Ricky : ah oui ! Et comment elle va ?

Morgane : bien. Elle va très bien même. Et devine un peu ce qu'elle m'a dit.

Ricky : comment veux-tu que je puisse le deviner ? Je ne suis pas un voyant.

Morgane : Kérin l'a demandée en mariage.

Ricky : mais c'est une bonne nouvelle. Ils méritent vraiment d'être heureux ces deux-là après tout ce qu'ils ont traversé. Je vais féliciter Kérin ce soir.

Le soir,...

Patricia : alors ta chambre te plait ?

Morgane : beaucoup.

Patricia : c'est moi qui l'ai choisie. Je savais qu'elle allait te plaire. Je veux que tu sois la plus à l'aise possible.

Morgane : t'es vraiment un amour Patricia. Bon, il est l'heure d'aller te coucher maintenant. Au lit mademoiselle et pas de discussion.

Patricia : d'accord. Tu restes avec moi jusqu'à ce que je m'endorme ?

Morgane : OK ! Allons-y maintenant.

Une fois dans la chambre de Patricia, Morgane a aidé Patricia à enfiler son pyjama et elle l'a mise au lit. Morgane s'est allongée à ses côtés et Patricia s'endormais aussitôt la tête posé sur l'oreiller. Marc était derrière la porte de la chambre de Patricia et il a vu toute la scène.

Quelques minutes plus tard, Morgane est descendue dans la salle où aura lieu la fête et elle a continué à travailler. Peu après, Marc l'a rejointe.

Marc : que faites-vous ici à cette heure ?

Morgane : ça ne se voit pas que je continue de travailler. Et puisque je suis là, autant en profiter, non ?

Marc : mais il est tard.

Morgane : il n'est que 21h45 En plus, ça m'étonne beaucoup de la part d'un homme qui m' a appelé à 23h du soir de dire qu'à 21h45, il est déjà tard.

Marc : pour être totalement franc avec vous, l'heure n'a été qu'u prétexte pour vous appeler. Je voulais seulement entendre votre voix avant de m'endormir.

Morgane a levé les sourcils.

Marc : ça vous étonne toujours après ce qui s'est passé dans le bureau ?

Morgane : oubliez ce qui s'est passé ce matin Marc.

Marc : j'adore quand vous m'appelez comme ça.

Marc s'est approché petit à petit de Morgane mais celle-ci a reculé.

Morgane : vous avez promis de ne pas me déranger alors s'il vous plait, respectez votre promesse.

Marc : d'accord. Vous faites quoi ?

Morgane : un nœud.

Marc : je vois que vous êtes douée en décoration.

Morgane : avant d'être organisatrice évènementielle, j'ai été décoratrice.

Marc : ah ! Et vous avez toujours vécu à New-York ?

Morgane : non. J'étais à Philadelphie. J'ai déménagé ici il y a seulement 4ans. J'ai vu que ma sœur a fait une belle carrière en étant aux côtés de votre femme et je me suis dit que je pourrais aussi tenter ma chance.

Marc : et vous avez eu de la chance. Vous êtes l'une des meilleures organisatrices évènementielles de New-York.

Morgane : bon, je crois que j'ai terminé. Je vais aller me coucher maintenant.

Marc : vous avez fait du bon boulot.

Morgane : merci. Il reste le buffet, envoyer les invitations m'occuper du jardin et…

Marc : n'oubliez pas aussi de vous occuper de vous car vous serez également mon invitée.

Morgane : ça, c'est un détail que je ne dois pas m'en préoccuper et…Attendez, quoi ? Je suis votre invitée ?

Marc oui. Mon invitée spéciale.

Morgane : je doute beaucoup que mademoiselle Britanie sera contente de me voir. Elle a déjà été assez énervée tout à l'heure quand vous et Patricia avez insisté que je reste ici.

Marc : les caprices de Britanie ne m'empêchera pas de vous inviter. Votre présence m'est très précieuse. Vous avez parlé du jardin ; mais il est couvert de neige.

Morgane : et alors ? ça ne va pas non plus l'empêcher d'être magnifique.

Marc : un grand merci Morgane.

Morgane : c'est mon travail. Bon, bonne nuit.

Marc : bonne nuit Morgane.

Et Morgane est partie.

Le lendemain,…

Comme d'habitude, Marc se tient dans le jardin. Mais cette fois, quand il y est allé, il a trouvé Morgane qui commençait à arranger le jardin. Alors, sans qu'elle ne s'en aperçoive, Marc a fait une boule de neige et il a rejoint Morgane.

Marc : bonjour Morgane. Vous êtes bien matinale aujourd'hui.

Morgane : je n'arrivais seulement plus à fermer l'œil. Oh…et cette boule de neige ?

Marc : ah ça, c'est pour…vous !!!

Et Marc la lui a lancée. Morgane a été surprise.

Morgane : OK, cette fois je vous épargne, mais la prochaine fois je…

Et encore une autre boule pour Morgane.

Marc : allez, ne voulez-vous pas prendre votre revanche ?

Morgane : vous aurez ce que vous voulez.

Et à son tour, Morgane a pris une poignée de neige et elle l'a lancée à Marc mais elle l'a raté.

Marc : c'est tout ce que vous avez ?

Morgane : vous l'aurez voulu alors.

Et ainsi de suite. Ils ont couru dans tout le jardin. Peu après, Patricia les a aussi rejoints et a participé au jeu. Ils rigolaient et s'amusaient tellement…jusqu'à ce que le téléphone de Marc ait sonné.

Marc : juste un instant…

Et Marc a décroché.

Patricia : ce n'est pas juste ; c'était à mon tour !!!

Morgane a seulement souri.

Patricia : merci beaucoup Morgane.

Morgane : pourquoi tu me remercies ?

Patricia : parce que ça faisait longtemps que je n'avais pas vu mon père rigoler autant.

Morgane : figure-toi que c'est lui qui a commencé. Moi, je n'ai fait que rendre la monnaie de sa pièce.

Patricia : mais tu as vraiment réussi à le rendre heureux.

Marc : alors, où en étions-nous…

Patricia : à moi !!!

Et leur jeu a continué.

Quelques minutes plus tard, Morgane a demandé une trêve mais Marc lui a encore lancé une boule de neige.

Marc : alors, vous êtes déjà fatiguée Morgane ?

Morgane : j'ai encore beaucoup de choses à faire et je dois bien économiser mes forces.

Patricia : et si on faisait un bonhomme de neige ?

Morgane : bonne idée Patty… Comme ça, ils feront aussi partie de la fête.

Patricia : chouette alors. Papa, tu le fais avec Morgane de ce côté-là ; et moi, je fais ici.

Marc : ça marche. Vous venez Morgane ?

Et Morgane l'a rejoint sans rien dire.

Morgane : ça faisait longtemps que je n'ai pas fait ça.

Marc : quoi ? Le bonhomme de neige ?

Morgane : oui.

Marc : la dernière fois c'était quand ?

Morgane : quand j'avais 13 ans. On le faisait avec mon frère et ma sœur. C'était mon bonheur complet.

Marc : et votre frère, il est où maintenant ?

Morgane : avec ma tante à Philadelphie. Elle est une fleuriste et il l'aide avec la boutique.

Le lendemain, comme d'habitude, Marc se tient dans le jardin le matin. Mais cette fois, quand il y est allé, Morgane y était déjà. Elle était en train de décorer le jardin. Alors, Marc a pris de la neige et a fait une boule avec. Après, il a rejoint Morgane.

Marc : bonjour. Je vois que pour la première de votre vie, vous m'avez écouté.

Morgane : je n'arrivais plus à dormir. Et cette boule de neige dans votre main ?

Marc : j'ai vu un oiseau tout à l'heure et je voulais le chasser avec. Regardez, il est là !

Morgane s'est tournée dans la que Marc a indiqué et celui-ci lui a lancé la boule de neige. Morgane s'est retournée dans sa direction avec un air très sérieux.

Morgane : vous avez osé me lancer la boule ?!

Marc : vous n'avez qu'à me la rendre. Allez-y !!!

Et encore une boule pour Morgane.

Morgane : vous m'avez déclaré la guerre alors, vous l'aurez.

Et à son tour, Morgane a fait une boule et l'a lancée à Marc. Et ainsi de suite….Peu après, Patricia est arrivée et s'est jointe à eux. Ils rigolaient, faisaient un grand bruit…Ils étaient vraiment heureux jusqu'à ce que la sonnerie du téléphone de Marc les a interrompus.

Patricia : ce n'est pas juste ! C'était à mon tour.

Marc : juste une seconde chérie.

Et Marc est allé décrocher.

Patricia : merci Morgane.

Morgane : merci pour quoi ?

Patricia : pour cette joie que tu es en train de nous faire vivre. Ça faisait vraiment longtemps que papa n'a pas rigolé autant.

Morgane : figure-toi que c'est lui qui a commencé. Je n'ai fait que lui rendre la monnaie de sa pièce.

Patricia : et tu as réussi.

Marc : alors, où en étions-nous ?

Patricia : à moi !

Et Patricia a lancé la boule à son père. Et ils ont continué leur jeu.

Quelques minutes plus tard, Morgane a demandé une trêve mais Marc lui a encore lancé une autre boule de neige.

Marc : déjà fatiguée Morgane ?

Morgane : non, mais j'ai encore beaucoup de choses à faire et je dos économiser mes forces.

Patricia : et si on faisait des bonhommes de neiges ?

Morgane : bonne idée Patty. Comme ça, ils feront également partie de la fête. Tu sais que t'es la meilleure assistante… ???

Patricia : merci de m'avoir donné l'opportunité de vous aider. Allons-y maintenant. Papa et Morgane de ce côté-là et moi, par ici.

Marc : ça marche. On y va Morgane ?

Et Morgane l'a rejoint.

Morgane : ça faisait vraiment longtemps que je n'ai pas fait ça.

Marc : quoi, un bonhomme de neige ?

Morgane : oui. La dernière fois c'était quand j'avais 13 ans. On le faisait toujours avec mon frère et Fiona. C'était mon bonheur complet.

Marc : et votre frère, il est où maintenant ?

Morgane : avec ma tante à Philadelphie. Elle est fleuriste, elle a une boutique de fleur et il l'aide en travaillant avec elle.

Marc : ah ! Et vous n'avez aucune famille à part eux alors ?

Morgane : non. Mais ici, je me suis fait de nouvelles familles. Le personnel de l'agence où je travaille est ma famille. Il y a seulement ceux qui sont très proches de moi comme monsieur Philip, Angela, Larry…

Marc : et Ricky alors ?

Morgane : Ricky ne travaille pas à l'agence. Il est juste un très bon ami ; c'est lui qui m'a hébergé la première fois que je suis arrivé ici. C'est quelqu'un de formidable. C'est Fiona qui nous a présenté.

Peu après, Britanie est arrivée. Quand elle a vu Marc et Morgane ensemble, elle est devenue jalouse.

Britanie : je peux me joindre à vous ?

Morgane : bien sûr.

Patricia : viens m'aider Britanie.

Britanie : Morgane peut t'aider. N'est-ce pas Morgane. Je vais plutôt me joindre à Marc.

Morgane : euh…oui. Sauf que c'est avec vous qu'elle veut travailler pas avec moi.

Patricia : oui Britanie. C'est toi qui va te marier avec papa pas Morgane. Donc, il va falloir que tu apprennes à passer du temps avec moi.

Marc : vas-y Britanie. Patty veut passer du temps avec toi.

Britanie : c'est bon !

Pendant cette matinée, Ricky n'est pas venu. Alors c'est Marc et Morgane qui sont allés chercher les boissons. Britanie était furieuse en voyant Marc et Morgane passer du temps ensemble.

Britanie : Marc, mon amour, est – ce – qu'on peut aller déjeuner au restaurant ?

Marc : pourquoi aller dans un restaurant alors Luisa cuisine déjà les meilleurs plats ?! Non Britanie, je préfère qu'on reste ici. Mais si tu veux, tu peux toujours aller déjeuner ailleurs.

Britanie l'a fusillé du regard.

Britanie : mais qu'est – ce – qui t'arrive Marc ? Ces derniers temps, tu ne fais plus attention à moi et à notre relation.

Marc : tu ne vois pas que je suis débordé de travail avec tous ces préparatifs ? Je te rappelle que c'était ton idée.

Britanie : oui, mais c'est pour ça que nous avons engagé Morgane.

Marc : je ne vais tout de même pas laisser Morgane tout faire, toute seule.

Britanie : mais c'est son travail.

Marc : en plus, dès le début, j'ai promis à Morgane que je vais les aider.

Britanie : ah oui ! Tu as promis à Morgane.

Marc : oui. Et heureusement que j'ai pu faire quelque chose car maintenant, il va falloir que je parte régler quelque chose.

Britanie : quel genre de chose ? Mais la fête aura lieu seulement dans 3 jours !

Marc : et je serai là. Je dois partir pour Dubaï cet après-midi et je reviendrai l'après-midi du réveillon. Je vais signer un contrat.

....
....

Patricia : pour être franche, je n'aime pas vraiment Britanie. Si j'ai accepté de faire le bonhomme de neige avec elle, c'est parce que je voulais te voir avec papa.

Morgane : petite maligne...

Morgane a pincé la joue de Patricia en disant cela. Cette dernière a souri.

Patricia : je sais qu'elle n'aime pas papa. Elle veut juste être célèbre en étant avec lui.

Morgane : mais je pensais qu'elle est déjà célèbre.

Patricia : oui, mais ça ne suffit pas pour elle. Tu as un petit-ami, Morgane ?

Morgane : non.

Patricia : tu peux devenir la petite-amie de papa, tu sais. En plus, il t'aime bien, lui.

Morgane : ne dis pas n'importe quoi Patty. Il ne se passera jamais rien entre ton père et moi.

Patricia : et pourquoi pas ? Vous vous entendez très bien à ce que je vois. En plus, c'est avec toi qu'il se sent lui-même. Il n'a pas besoin de faire semblant.

Morgane : tu sais que dès qu'on aura terminé, je partirai ?!

Patricia : oui. Mais à ce que je sache, tu habites ici. Papa et toi pourriez toujours vous voir.

Morgane a soupiré.

Morgane : ce n'est pas aussi facile que tu ne le crois ma chérie.

Patricia : tu n'aimes pas papa, c'est ça ?

Morgane : non, j'aime bien to père, mais...

Marc était là et les a entendues discuter.

Patricia : papa ! Tu étais là depuis combien de temps ?

Marc : je viens juste d'arriver. Ecoute, je dois vous dire quelque chose.

Morgane : laquelle ?

Marc : je vais partir pour Dubaï cet après-midi.

Patricia : quoi ?! Mais...et la fête alors ?

Marc : je serai là. Je vais juste y aller pour signer un contrat et régler quelque chose. Après, je rentre directement.

Patricia : tu vas me manquer papa.

Marc : ce n'est que pour quelques jours ma chérie. En plus, Morgane est là pour s'amuser avec toi.

L'après-midi, Ricky est arrivé. Marc est parti et Britanie est allée l'accompagner à l'aéroport. Marc a confié Patricia à Morgane.

Patricia : pars et ne reviens plus Britanie.

Morgane a donné à Patricia un petit coup de coude.

Patricia : je serai la première à être content si papa la quitte.

Morgane : ne dis pas de bêtises Patty. Allez, on se met au travail jeune fille.

Patricia : oui patronne.

Et Patricia est partie.

Ricky : je suis vraiment désolé pour ce matin Morgane.

Morgane : tu as été où ?

Ricky : j'ai dû emmener Rumina faire son check-up.

Morgane : et comment elle va alors ?

Ricky : très bien. Elle est prête à accueillir la nouvelle année.

Morgane : heureusement alors. Maintenant que tu es là, on peut chercher des bois pour allumer la cheminée.

Ricky : allons-y.

Le soir, …

Patricia : c'est bizarre que papa n'ait pas encore appelé.

Morgane : peut-être qu'il est encore dans l'avion. Je suis sûre qu'il appellera demain.

Patricia : et si jamais Britanie lui a fait du mal ?

Morgane : c'est impossible Patty. Arrête donc de dire des sottises.

Patricia : mais Britanie est capable de tout pour de l'argent.

Morgane : au point de faire du mal à son bien-aimé ?! Je ne crois pas.

Patricia : on ne sait jamais. Dis, Morgane, tu peux m'emmener avec toi quand tu iras chercher les fleurs demain ? Je ne voudrai surtout pas croiser la sorcière.

Morgane : tu ne t'arrêteras donc jamais, hein ?

Patricia : désolée. Allez s'il te plait, emmène-moi avec toi.

Morgane : c'est d'accord.

Patricia : merci beaucoup. Oh, je t'adore Morgane

Et Patricia a serré fort Morgane dans ses bras.

Patricia : encore une chose ; on peut regarder un film ?

Morgane : d'accord mais juste un et tu vas te coucher. Choisis le film alors. Pendant ce temps, je vais aller nous chercher quelque chose à grignoter.

Patricia : invite aussi Luisa à se joindre à nous.

Morgane : bonne idée.

Et Morgane est partie.

Quelques minutes plus tard, Luisa et Morgane sont arrivées avec deux grosses boîte de popcorn.

Patricia : on va bien se régaler.

Luisa : c'est quel film Patty ?

Patricia : je ne sais pas. C'est un cadeau que papa m'a donné ce Noel.

Morgane : dans ce cas, regardons-le.

Et elles ont regardé le film.

Le lendemain, Morgane et Patricia sont allées chez le fleuriste chercher les fleurs et après, elles sont allées à l'agence où travaille Morgane.

Larry : Morgane !!! Quel plaisir de te voir. Comment ça va ?

Morgane : je vais très bien. Je vois que tu as beaucoup changé depuis la dernière fois que je t'ai vu.

Larry : et tu recommences avec ça Morgane.

Morgane : mais c'est la vérité.

Larry : je vais appeler Angela.

Morgane : ne me fuis pas.

Larry : tiens, Angela, Morgane te cherche.

Angela : mais je suis en service.

Larry : vas-y ; je peux te remplacer.

Angela : d'accord, si tu le dis.

Patricia ; bonjour Angela !!!

Angela : bonjour petite.

Patricia : je m'appelle Patricia Anderson et je suis l'assistante de Morgane.

Angela : ravie de te connaître Patricia.

Patricia : Morgane me parle toujours de toi et j'ai eu soudainement envie de te rencontrer.

Angela : ah bon ! Et elle te parle de moi en bonne ou en mauvaise chose ?

Patricia : que t'es une merveilleuse amie et qu'elle t'aime beaucoup.

Angela a regardé Morgane en souriant.

Angela : et figure-toi que Morgane aussi m'a beaucoup parlé de toi. C'est pour ça que j'ai un cadeau pour toi.

Patricia : ah oui ?! Et c'est quoi ?

Et Angela est allée chercher le cadeau…

Patricia : un chiot… oh qu'il est mignoooonnn…

Morgane : d'où est – ce – que t sors cet animal Angela ?

Angela : Mintzi a encore donné naissance à quatre autres bébés chien le mois dernier.

Morgane : ah !!! Patty, je ne crois pas que Britanie…

Patricia : je n'en ai rien à foutre de Britanie, Morgane. C'est ma maison et j'emmène qui je veux quand je veux.

Morgane : oh doucement…

Angela : tu me promets de prendre soin de lui, Patricia ?

Patricia : je te le promets Angela.

Morgane : et comment vas-tu l'appeler ?

Patricia : mmm… Rouckie.

Angela : joli prénom. Rouckie, tu vas être sage dans ta nouvelle famille, hein ?

Patricia : nous allons être les meilleurs amis du monde Rouckie…

Morgane : tu l'emmènes un petit tour ? Histoire de vous familiariser.

Patricia : d'accord ; allez, viens Rouckie…

Et Patricia est partie avec son chiot.

Angela : alors Morgane, comment se passe avec ton petit patron ?Il n' a toujours fait aucun signe ?

Morgane : il n'est pas encore là pour le moment. Mais il sera là demain.

Angela : bien sûr qu'il sera là. Parce que tu lui manques et que lui aussi te manque.

Morgane : tu sais quoi, nous allons partir. Ces fleurs que tu voient là-bas attendent impatiemment pour orner la maison. Patty, on y va ?

Patricia : oui. Au revoir Angela. Et encore merci beaucoup pour le petit chien.

Angela : mais je t'en prie.

Morgane a fait la biz à ses amies et après, elles sont parties.

Morgane : tu es sûre que ton père acceptera que Rouckie reste chez vous ?

Patricia : oui. Papa n'a pas le droit de me refuser ça.

Morgane : si tu le dis alors. Mais je ne veux pas que tu lui fasses la tête si jamais il le refuse.

Patricia : bien sûr que je lui ferai la tête.

Morgane : toi alors…

Une fois qu'elles sont arrivées à la résidence, Britanie les attendait déjà.

Britanie : est – ce – que – les fleurs ont été si lourdes qu'il a fallu que tu emmènes Patricia avec toi, Morgane ?

Patricia : c'est moi qui…

Britanie : tu te tais Patricia. Je m'adresse à Morgane. Et c'est quoi cette monstruosité ?

Patricia : c'est un chiot Britanie. Et il a un prénom comme toi.

Britanie a froncé les sourcils et Morgane a rigolé.

Britanie : comment ça il a un prénom comme moi ?

Patricia : oui, et c'est Rouckie. Presque comme Britanie.

Britanie : ne joue pas avec mes nerfs Patricia. Et je ne veux pas de cette bête ici. Tu le ramène d'où tu l'as ramassé.

Patricia : non. Ici c'est ma maison et j'emmène qui je veux. Alors Rouckie avec moi que tu le veuilles ou non. Si quelqu'un devrait partir c'est toi parce que tu n'es pas la bienvenue ici. En plus, tu n'es qu'une profiteuse.

Britanie s'est mise en colère et elle a giflé Patricia.

Britanie : ton insolence, tu ne me le fais pas à moi. Ta mère t'a vraiment mal éduqué.

Patricia : ne parle pas de ma mère. Tu n'es qu'une sorcière Britanie. Tu verras que papa ne se marierai jamais pas avec toi. Je ne le permettrai pas. C'est Morgane qui va se marier avec lui. Je te déteste !!!

Britanie a encore voulu frapper Patricia mais Morgane l'en a empêché en tenant son poignet. Morgane a affronté Britanie en la regardant droit dans les yeux d'une mine colérique.

Morgane : vous n'avez plus intérêt à lever la main sur elle.

Britanie : si non quoi ? Tu vas aller courir tout raconter à Marc ?

Morgane : non, je ferai mieux que ça : je casserai votre main avec vos faux-ongles.

Britanie : tu me menaces alors…

Morgane : pas du tout. C'est juste un avertissement.

Et Morgane a lâché Britanie.

Morgane : viens, on va dans ta chambre Patty.

Et Morgane a voulu emmené Patricia dans sa chambre quand Britanie l'a interpelée.

Morgane : qu'est – ce – qu'il y a ?

Britanie : Marc m'a dit qu'une fois que vous aurez fini votre travaille, vous pouvez partir. Il règlera vos honoraires quand il sera de retour. Cela dit, dès demain matin, ton cher Ricky et toi, vous pouvez partir.

Morgane : ce n'est pourtant pas ce qu'il m'a dit l'autre soir.

Britanie : l'autre soir ?

Morgane : oui. Il m'a clairement dit que nous serons ses invités.

Britanie : et à moi, il ne m'a pas dit ça. Il s'est peut-être rendu compte que c'était une mauvaise idée. Tu peux l'appeler pour lui demander si tu ne me crois pas.

Patricia : c'est justement ce que nous allons faire. Appelle papa, Morgane.

Et Morgane a appelé Marc mais celui-ci était injoignable.

Morgane : on l'appellera un peu plus tard Patricia. Il doit encore être occupé.

Patricia : papa n'a pas appelé depuis hier ; c'est bizarre. Qu'est – ce – que tu as fait à mon père espèce de sorcière ? Quand papa part comme ça, il trouve toujours le temps de m'appeler.

Britanie : qui sait si c'est Morgan qui lui a fait quelque chose ?

Morgane : ne rejetez surtout pas votre crime sur moi Britanie.

Britanie : tant que Marc ne confirmera pas que vous êtes vraiment son invité, vous n'y viendriez pas.

Patricia : partons Morgane. Ne perdons pas de temps avec cette folle.

Morgane : ça suffit aussi avec tes insultes Patricia. Allons-y.

Quelques minutes plus tard,…

Ricky : ne me dis pas que tu as osé te disputer avec Britanie.

Morgane : je lui ai seulement dit ses quatre vérités en face. Elle a osé gifler Patricia devant moi. Bon, n'en parlons plus. Nous avons encore du pain sur la planche avant de partir.

Ricky : partir ?! Je pensais qu'on allait assister à la fête.

Morgane : on dirait que monsieur a changé d'avis.

Ricky : ce n'est pas possible. Monsieur Marc a été très sérieux quand il m'a parlé de cette invitation.

Morgane : eh bien, ce n'est pas ce que mademoiselle Britanie m'a dit toute à l'heure.

Ricky : elle t'a dit quoi exactement ?

Morgane : que nous pouvons partir quand on aura fini et que Marc règlerait nos honoraire quand il sera de retour.

Ricky : allons l'appeler, dans ce cas.

Morgane : tu peux toujours essayer ; il est injoignable et il n'a pas appelé depuis hier. Patricia s'inquiète déjà mais bon, on ne peut rien faire sans téléphone.

Ricky : je n'arrive pas à croire que monsieur Anderson a pu faire ça.

Morgane : les riches sont toujours comme ça Ricky. Ils nous laissent tomber quand ils n'ont plus besoin de nous. Bon, Patty et moi allons installer les fleurs.

Ricky : allez-y.

DUBAI :

De l'autre côté, Marc a cherché son téléphone mais il n'est pas arrivé à le trouver.

Marc : bon sang, mais où ai-je bien pu mettre ce fichu téléphone ?

Hanchu : un problème, monsieur ?

Marc : je cherche mon téléphone mais je n'arrive pas à mettre la main dessus.

Hanchu : puis-je vous aider à le chercher ?

Marc : non, non ce n'est pas la peine. Je le chercherai une fois à l'hôtel. Il est sans doute dans ma valise s'il n'est pas dans ma poche.

Hanchu : comme vous voudrez monsieur.

NEW-YORK :

Patricia : je me demande pourquoi papa n'a toujours pas appelé.

Morgane : moi aussi.

Patricia : alors toi aussi tu t'inquiètes pour lui ?!

Morgane : je m'inquiète seulement sur le fait qu'il ne t'a pas encore appelé.

Patricia : promets-moi que tu seras là demain soir.

Morgane : tant qu'on n'aura pas la confirmation de ton père, je ne peux rien te promettre. En plus, Britanie a raison sur le fait que je ne suis qu'une simple employée.

Patricia : ce n'est pas vrai. Tu es plus que ça pour mon père.

Le lendemain matin, Morgane et Ricky se sont occupés du buffet et de quelques trucs après, ils sont partis. Patricia s'est enfermée dans sa chambre et n'est sortie que quand Luisa n'est pas venue lui parler.

Patricia : j'ai hâte que papa revienne Luisa.

Luisa : il sera là cet après-midi alors tu pourras lui raconter tout ce que cette sorcière de Britanie t'a fait.

Patricia : sorcière ? Alors, toi aussi tu le penses ?

Luisa : oui.

Patricia : alors tu vas m'aider à convaincre papa de ne pas se marier avec elle.

Luisa : crois-moi quand ton père saura qu'elle e osé lever la main sur toi, il n'hésitera pas à la quitter.

Patricia : espérons seulement que papa ne tombera dans son piège. Si papa décide de se marier, je veux que ce soit avec Morgane. Elle est tellement jolie et gentille.

Dans l'après-midi, Marc est arrivé. Dès que Patricia a entendu sa voiture, elle a couru en pour le rejoindre. Mais malgré cela, c'est Britanie qui est arrivée avant elle et l'a tout de suite embrassé. Patricia a tout de suite perdu toute son énergie en voyant cela.

Marc : qu'est – ce – qu'il y a ma chérie ? Tu ne viens pas faire un câlin à ton père ?

Patricia : bonjour papa.

Et Marc a voulu la prendre dans ses bras mais Patty n'a pas voulu. Marc a été un peu surpris.

Patricia : non papa. Je suis une grande fille à présent. Et une grande fille n'a plus besoin de câlins. En plus, tu viens juste d'embrasser Britanie.

Marc : ne me dites pas que vous vous êtes encore disputées toues les deux. Ça fait seulement deux jours que je ne suis pas là et regardez-vous un peu.

Britanie : ce n'est pas grave mon amour ; Patty et moi allons trouver un terrain d'entente. On s'est juste engueulé pour un rien. Patty a juste fait une petite bêtise et je me suis laissé emporter.

Marc : et tu as fait encore quoi cette fois Patricia ?

Et le chiot est arrivé en aboyant et il a tourné autour de Marc.

Britanie : elle a emmené ce...chien à la maison.

Et Marc a pris le chiot et l'a caressé.

Marc : il est mignon. Où l'as-tu eu Patricia ?

Patricia : c'est une amie de Morgane qui me l'a donné papa.

Marc : et il s'appelle comment ?

Patricia : Rouckie.

Marc : tu lui as trouvé un joli prénom. Enchanté de te connaître Rouckie. Moi, c'est Marc et je suis le papa de Patricia. Bienvenu dans la famille, champion.

Patricia a regardé Britanie en faisant un sourire narquois. Première bataille gagnée Patty.

Britanie : mais Marc, ce chien est...

Marc : il restera avec nous, Britanie. Habitue-toi à sa présence.

Britanie : d'accord. Mais il reste dehors.

Patricia : non !!! Rouckie est chez lui alors il peut aller et venir dans toute la maison.

Britanie n'a plus dit un mot. Peu après, Marc est entré dans la maison. La première chose qu'il a vu en entrant dans la salle où aura lieu de réception, c'est la photo d'Alison qui a été mise en valeur.

Britanie : la décoration est parfaite mais je trouve que la photo est...

Marc : elle est parfaite Britanie. C'est exactement le genre de décoration que je veux ; ni plus ni moins. Morgane et Ricky ont fait du bon boulot. J'ai hâte de les revoir ce soir pour les remercier et les féliciter de ce beau travail qu'ils ont fait.

Britanie : justement à propos ; ils m'ont dit qu'ils ne pourront pas venir.

Marc : comment ça ? je leur ai pourtant demandé de venir et il ont accepté. Sauf Morgane qui a un peu hésité et n'a pas pris une décision mais je suis sûr qu'elle a réussi à en prendre et qu'elle a décidé de venir.

Britanie : non, tu te trompes. Ils veulent aussi faire la fête avec leurs familles.

Marc : Ricky, je comprends qu'il ne puisse pas venir mais Morgane, non. Il a sûrement dû se passer quelque chose. Elle ne peut pas me faire ça.

Et Marc a pris une boîte et il est parti. Britanie n'a pas pu le retenir.

Patricia : bien fait pour toi.

Britanie a été furieuse et elle est partie. Quand elle est arrivée devant sa voiture, elle a vu que ses pneus sont crevés.

Britanie : Patricia... !!!!!!

De l'autre côté, Angela essaie de raisonner Morgane pour ne pas qu'elle parte et qu'elle parle avec Marc avant.

Angela : parle-lui d'abord et écoute ce qu'il a à dire. Ne me dis quand même pas que tu comptes commencer l'année avec une peine de cœur. Parce que pas la peine de me le nier Morgane, tu es amoureuse de Marc Anderson. Tu essaies de fuir mais la réalité fin toujours par te rattraper.

Morgane : de toute façon, c'était trop tôt pour entamer une relation avec lui. En plus il est toujours amoureux de sa femme même s'il est avec Britanie.

Angela : tu ne sais même pas ce qu'il ressent. La plupart du temps, les personnes comme Marc dissimulent leur sentiment au fond d'eux et ils ne laissent personne d'autre le voir.

Morgane : c'est bon Angela. Je vais retourner à Philadelphie et l'oublier.

Angela : comme si c'était facile. Tu reprendras ton service d'ici quelques jours et crois-moi, il fera tout son possible pour te revoir et te demander des explications sur la raison de ta fuite.

Morgane : dans ce cas, je refuserai de le voir. Bon, il faut que je parte maintenant.

Angela : que tu es têtue Morgane. O.K !!! Passe une bonne fête.

Morgane : merci et toi aussi.

Morgane a pris son amie dans ses bras et après, elle est partie.

Une fois que Morgane est arrivée chez elle, elle a été surprise de voir sa porte ouverte.

Morgane : bizarre, je me souviens avoir verrouillé la porte.

Marc : vous comptiez vraiment partir sans me dire au revoir ?

Morgane a sursauté de peur et de surprise.

Morgane : que faites-vous chez moi ? Et comment êtes-vous entré ?

Marc : j'ai une clé passe-partout.

Morgane : O.K ! Et qu'est – ce – que vous voulez ? Parce que je dois préparer mes affaires là.

Marc : alors Britanie avait raison ; vous allez vraiment partir ? Vous n'allez pas venir à ma fête ?

Morgane : ne jouez pas avec mes nerfs, Marc Anderson. La veille vous me dites autre chose et le lendemain vous changez d'avis et vous faites parvenir le message à Britanie alors que vous savez parfaitement qu'elle me déteste. Vous n'avez même pas pris la peine d'appeler votre fille alors qu'elle se faisait du souci pour vous.

Marc : je ne comprends pas où voulez-vous en venir. Je n'ai jamais changé d'avis du jour au lendemain. Ce n'est pas mon habitude. Et si je n'ai pas appelé Patricia, c'est parce que j'ai perdu mon téléphone ; je n'arrivais pas à le retrouver jusqu'à ce que je parte.

Morgane : vraiment ?!

Marc : oui. Et comment ça j'ai fait parvenir le message à Britanie ?

Morgane : demandez-lui. Je n'ai pas de temps à perdre avec vos mauvaises blagues.

Marc : Morgane, faites-moi confiance. Venez assister à la fête. Votre présence m'est très précieuse.

Morgane : pourquoi moi ? A ce que je sache, je ne suis qu'une employée de plus.

Marc : pas pour moi. Je ne vous ai jamais considéré comme une employée de plus. Vous êtes plus qu'une employée pour moi. Vous avez gagné l'affection de Patricia, vous avez répandu de l'harmonie dans ma maison et surtout, vous avez conquis mon cœur.

Et Marc s'est approché de Morgan et l'a embrassée. Comme le dernière fois, Morgane l'a repoussé.

Morgane : mais vous avez complètement perdu la tête ou quoi ? Et que faites-vous de Britanie ?

Marc : Britanie ne m'aime pas, je le sais ; et moi non plus d'ailleurs. J'ai beau essayé de renier ce que je ressens pour vous mais je n'y suis pas arrivé. Chaque recoin de la maison me rappelle votre présence et votre odeur. Je finis toujours par revenir à vous. Dès que je vous ai vu pour la première fois, mon cœur a fait un bon dans ma poitrine ; mais j'ai refusé de l'admettre. Mais aujourd'hui quand j'ai su que vous allez partir et que vous allez vous éloigner de moi encore une fois, j'ai su à cet instant que je ne pouvais pas vous laisser partir. Je ne vous empêche pas d'aller retrouver votre famille mais revenez et ne nous laissez pas seuls. Je vous attendrai ce soir dans le jardin.

Et Marc a déposé une boîte avant de partir.

Morgane a fait un long soupir. Peu après, elle a ouvert la boîte. Elle a trouvé une robe magnifique de couleur rouge ainsi qu'une autre boîte qui était à l'intérieur et qui contenait u collier en diamant assorti avec des boucles d'oreilles.

Morgane : wow ! Ils sont magnifiques. Marc Anderson…moi aussi je suis amoureuse de vous.

Une fois que Marc est arrivé chez lui, il a tout de suite demandé à Patricia ce qui s'est passé avec Britanie durant son absence. Et Patricia lui a tout raconté sans oublier les détails.

Marc : je savais que Britanie et toi n'allez jamais vous entendre.

Patricia : ne te marie pas avec elle, papa. Si tu veux te marier, marie-toi avec Morgane. Elle est gentille et belle en plus.

Marc a souri.

Marc : cette femme est exceptionnelle.

Danse le début de la soirée, les invités ont commencé à arriver. Tous étaient éblouis par le charme et la beauté de l'endroit ainsi que de la salle de réception. Britanie était là mais Marc ne la prêtait aucune attention.

Britanie : Marc, mon amour ; qu'est – ce – que tu fais ici ? Tu devrais te mêler avec les invités.

Marc : tu peux te mêler si tu veux et te vanter auprès d'eux aussi. De toute façon, tu aimes ça, non ? Tu aimes te faire remarquer par tout le monde ?

Britanie : mais qu'est – ce – qui t'arrive bon sang ? Tu es méchant avec moi.

Marc : je veux que tu arrêtes d'être hypocrite Britanie. Avoue que si tu es avec moi, c'est seulement pour la gloire ; pour que tu sois la une de tous les magazines « People ». Tu ne m'aimes pas et tu ne m'as jamais aimé.

Britanie a froncé les sourcils.

Marc : je sais tout ce que tu as fait à Ricky et Morgane. Tu leur as menti et tu les as fait croire que je ne suis pas quelqu'un qui est digne de confiance. Et la chose que je ne peux en aucun cas tolérer, c'est le fait que tu as osé lever la main sur ma fille. Je ne te le pardonnerai jamais Britanie.

Britanie : elle a été insolente et elle m'a mal parlé. Elle méritait d'être corrigée

Marc : elle n'est pas un animal et je sais ce qui est bien et ce qui ne l'est pas pour elle. Tu n'avais pas besoin de la gifler.

Britanie : c'est bon, je reconnais mes torts et je m'excuse pour ça.

Marc : entre nous ça ne marchera jamais Britanie. En plus, Patricia n'acceptera jamais ma relation avec toi. Je préfère qu'on en reste là.

Britanie : tu veux rompre, c'est ça ?

Marc : je suis désolé mais oui.

Britanie : et tout ça je sais que c'est à cause de cette Morgane. Je la maudis. Je n'aurai jamais dû insister qu'elle revienne travailler ici. Et toi Marc, crois-moi, tu ne trouveras jamais quelqu'un comme moi à l'avenir. Et tu vas le regretter ; tu vas revenir vers moi et se mettre à genoux pour me supplier de revenir avec toi mais à cet instant-là, je te rejetterai.

Marc : je n'ai pas besoin de quelqu'un comme toi Britanie. J'ai besoin d'une femme bien meilleure que toi. Et détrompe-toi ; je ne reviens jamais sur ma décision. Je te souhaite une excellente soirée Britanie.

Marc a aperçu Morgane et il est allé l'accueillir. Quant à Britanie, elle est rentrée furieusement à l'intérieur.

Marc : merci d'honorer cette fête de votre présence Morgane.

Marc s'est penché et a embrassé Morgane.

Marc : tu es magnifique.

Morgane : merci. Et un autre merci pour les cadeaux ; ils sont très jolis.

Marc : ils ne sont rien comparés à ta beauté. On y va ?

Morgane : oui.

Et ils sont entrés. Marc a présenté Morgane à ses amis comme étant sa compagne et d'ailleurs, ceux-ci ont été surpris.

Peu après, quand Patricia a vu Morgane avec son père, elle a couru vers elle.

Patricia : bonsoir Morgane ; tu es très belle.

Morgane : mais toi aussi tu l'es.

Patricia : je suis contente que tu sois là.

Morgane a souri. Peu après, Marc a fait un petit discours.

Marc : « Bonsoir à tous et à toutes. Merci à vous d'avoir répondu à l'invitation et d'être venus ce soir pour célébrer cette fête et de contribuer à mon bonheur. Je n'ai pas le mot parfait pour vous exprimer toute ma gratitude. Que cette nouvelle année nous apporte tout le bonheur que nous souhaitons. Sur ce, je souhaite à chacun de passer une excellente soirée et une bonne fête de fin d'année. Merci. »

Et ils l'ont applaudi. Après cela, chacun a fait tout ce qui li semble le mieux pour égayer la fête.

Apparemment, beaucoup de gens connaissent Morgane.

Martha : j'ai adoré chaque évènement que vous avez organisé ma chère.

Alberta : est – ce – que je peux compter sur vous pour être l'organisatrice du mariage de ma fille qui aura lieu le mois prochain?

Morgane : mais bien sûr.

Marc : mesdames, excusez-moi de vous déranger mais je crois que je vais vous enlever votre idole.

Myriam : elle est toute à toi Marc.

Et les dames ont laissé Marc et Morgane seuls.

Marc : je vois que tu es très célèbre.

Morgane : je ne le savais pas. Je ne savais même pas que j'étais connue des gens comme ça. Pourtant je ne fais que mon travail.

Marc : mais tu fais un travail très remarquable. Impossible de ne pas apprécier tes œuvres.

Et Marc a embrassé Morgane.

Morgane : arrête Marc ; on est au milieu de la foule là.

Marc : mais ils s'en fichent tous de ce que nous faisons.

Et Marc a continué d'embrasser Morgane.

Marc : on va danser ma belle ?

Morgane : d'accord.

En voyant toute cette scène, Britanie n'a pas pu rester une minute de plus.

Philip : monsieur Anderson, je vous félicite pour votre fête ; elle est très réussie.

Marc : oh mais remerciez plutôt Morgane et Ricky ; ce sont eux qui ont fait tout le travail.

Philip : je savais que Morgane était celle qu'il vous faut.

Marc : et je vous remercie de me l'avoir recommandée.

Quelques heures plus tard,...

Morgane : Marc, il faut vraiment que je m'en aille. J'ai promis à ma tant et mon frère que je serai là le jour du nouvel an.

Marc : tu ne veux pas faire le compte à rebours avec nous ?

Marc ne cesse d'embrasser Morgane.

Marc : je crois bien que tu devras t'habituer à ce que je t'embrasse tout le temps car j'aime bien sentir tes douces lèvres contre les miennes.

Et encore un autre baiser pour Morgane.

Ricky : il y a des chambres pour ça ici, vous savez.

Morgane : Ricky ? Je pensais que tu n'es pas venu.

Ricky : comment ne puis-je pas venir après être invité ? Je ne refuse jamais une invitation tu sais.

Marc : content que tu sois là Ricky.

Ricky : c'est un honneur. Bon, je vous laisse alors.

Et Ricky est parti. Mais d'autres invitées surprises les ont rejoints.

Kérin : monsieur-dame, bonsoir.

Marc : Kérin ! Bonsoir. Alors ta cavalière et toi, vous vous amusez bien ?

Morgane : Kérin, ne me dis pas qu'Angela est aussi là...

Kérin : d'accord, je ne te le dis pas.

Marc : attendez, vous vous connaissez aussi bien que ça ?

Kérin : plus que tu ne le crois Marc. Ma cavalière qi est également ma fiancée n'est autre que la meilleure amie de ta très chère Morgane. D'ailleurs, la voilà.

Angela : bonsoir monsieur Anderson ; j'ai beaucoup entendu parler de vous et je suis ravie de faire votre connaissance.

Marc : oh, moi de même...

Morgane : Angela.

Patricia : c'est elle qui m'a donné Rouckie, papa.

Marc : merci beaucoup Angela. Vous avez fait le bonheur de ma fille. Le petit chien ne la quitte jamais.

Angela : contente que votre fille est heureuse alors.

Morgane : pourquoi tu ne m'as pas dit que tu allais venir Angela ?

Angela : je voulais te faire une surprise. Mais c'est plutôt toi qui m'as surprise. Je t'avais bien dit que...

Morgane : O.K ; venez, le compte à rebours va commencer.

Ricky : tous ensembles !!! 10 ; 9 ; 8 ; 7 ; 6 ; 5 4 ; 3 ; 2 ; 1 et... BONNE ANNEE... !!!

Et tout le monde se sont félicités les uns des autres.

Marc : bonne année ma chère Morgane.

Morgane : bonne année Marc.

Ils se sont embrassés.

Peu après, Patricia est arrivée et les ont félicités. Quelques minutes plus tard, Marc a laissé Morgane partir.

Morgane : je t'appellerai dès que je serai arrivée.

Marc : d'accord. Fais bien attention sur la route, mon amour.

Morgane a souri et après, elle a fait la biz à ses amis et elle est partie.

Quelques heures plus tard, les invités aussi ont commencé à partir. Ils ont remercié Marc pour son invitation.

Marc : Louisa !!! Aide Patricia à faire sa valise s'il te plaît. Ne mets que ce qui sont essentiels.

Louisa : tout de suite monsieur.

Patricia : on va partir quelque part papa ?

Marc : c'est une surprise. Allez, suis Louisa.

Patricia : OK.

PHILADELPHIE :

Morgane y est arrivée vers les 3h du matin. Et elle est tout de suite rentrée chez sa tante.

Enzo a été très surpris de la voir.

Enzo : enfin t'es là. Je me suis fait du souci au cas où ton patron ne te laisserait pas venir.

Morgane : si c'avait été le cas, je me serais battu avec lui.

Enzo : Bonne année sœurette.

Morgane : Bonne année Enzo.

Ils se sont pris dans les bras.

Enzo : dis donc mais qu'est-ce-qui t'a pris de voyager à ue heure pareille ?

Morgane : tu n'es pas content de me voir alors ?

Enzo : si, mais je suis seulement un peu surpris de te voir aussi tôt. Maman et moi pensions que tu ne seras là que dans la matinée.

Morgane : je voulais vous faire une surprise.

Enzo : allez, entrons ; il fait vraiment un froid de canard ici. Maman serait contente de te voir.

Morgane : mais elle ne dort pas ?

Enzo : on vient à peine de rentrer. Les Mitchard nous ont invités à passer les fêtes de fin d'année chez eux.

Morgane : ah ! Je comprends maintenant pourquoi t'es ici dehors de si bon matin.

Enzo : maman, regarde un peu qui est là.

Marie : Morgane, ma fille !!!

Marie a pris Morgane dans ses bras.

Marie : je suis contente que tu sois ici.

Morgane : je vous ai promis de revenir, donc je suis là. Bonne année tante Marie.

Marie : merci ma chérie Bonne année à toi aussi. Alors, comment s'est passé ton travail là-bas ?

Morgane : très bien. C'était un travail réussi et je suis heureuse.

Marie : t'as toujours été compétente dans tout ce que tu fais alors, je n'en doute pas.

Enzo : et le millionnaire que tu disais prétentieux ?

Morgane : oh, lui, à bien le connaître, il ne l'est pas. C'est juste un masque qu'il porte.

Enzo : Mmm…je vois.

Morgane : quoi ?! Pourquoi tu me regardes comme ça ?

Enzo : pour rien.

Marie : allez, rentrons à l'intérieur maintenant.

Et ils sont entrés dans la maison. Marie est allée préparer un chocolat chaud.

Enzo : alors sœurette, tu ne veux pas raconter à ton frère ce qui se passe avec cet homme ?

Morgane : comment ça ?

Enzo : il y a quelques jours, tu disais encore qu'il était prétentieux, et aujourd'hui, je suis surpris quand tu as dit qu'en le connaissant bien, c'est juste son masque.

Marie : et voici nos chocolats chauds.

Morgane : merci tante Marie.

Enzo ne cesse de faire un regard interrogateur à Morgane.

Morgane : c'est bon, je vais cracher le morceau Enzo. Espèce de petit curieux.

Enzo : je savais que tu n'allais pas résister à mon regard.

Morgane : on s'est mis ensemble. A force de le côtoyer, j'ai découvert que c'est quelqu'un de bien.

Marie : ah mais on est content pour toi. Et tu l'as laissé passer le nouvel an tout seul alors.

Morgane : on a passé toute la soirée ensemble et je ne suis partie qu'après minuit. Je lu ai dit que j'adore ce moment en famille.

Enzo : ma sœur est amoureuse, ma sœur est amoureuse…

Marie : ça suffit Enzo.

Morgane : t'es satisfait Enzo ?

Enzo : pas vraiment. J'aimerai bien connaître cet homme qui a brisé le cœur de glace de notre Morgane.

Morgane : eh bein,…tu peux toujours attendre.

Marie : bon, je propose que malgré l'heure, on aille se coucher. On a encore une petite fête dans quelques heures.

Morgane : tu as raison.

Marc et Patricia sont arrivés à Philadelphie dans les 5h du matin. C'était encore tôt et ils sont allés dans un hôtel.

Le matin, vers 9h, ils sont allés chez Morgane. Marc a su où elle habitait grâce au GPS de sa voiture. Une fois qu'ils sont arrivés, Marc a vu Enzo déplacer la voiture de Morgane et il a su à cet instant qu'ils sont arrivés à destination.

Marc : bonjour monsieur.

Enzo : bonjour…

Patricia : bonne année.

Enzo : oh, merci et bonne année à vous également. Que puis-je faire pour vous ?

Marc : je suis Marc Anderson et voici ma fille Patricia. On voulait savoir si Morgane vit ici.

Enzo : bien sûr ; je suis son frère, Enzo Scaylane. Allez, entrez je vous prie.

Et ils sont entrés. Enzo les a dit de prendre place et après, il est allé chercher Morgane dans sa chambre.

Enzo : bien dormi ?

Morgane : oui. Il n'y a rien de mieux que d'être de retour chez soi.

Enzo : je suis content que malgré la mondanité de New-York, ta ville natale te plaise toujours. En fait, il y a deux personnes qui sont là et ils te cherchent. Ils sont dans le salon.

Morgane : et qui sont-ils ?

Enzo : descend et tu verras.

Morgane : d'accord ; j'arrive dans un instant. Occupe-les avant que j'arrive.

Enzo : pas de problème.

Et Enzo est parti.

Morgane s'est préparée et après, elle est allée voir dans le salon. Quand elle a vu de qui il s'agissait, elle était surprise.

Morgane : Marc, Patty…

Patricia : surprise !!!

Patricia a couru dans les bras de Morgane.

Morgane : je suis surprise de vous voir ici ; je ne m'y attendais pas du tout.

Patricia : c'est papa qui a insisté pour te faire la surprise. Vous avez une très jolie maison .

Morgane : merci.

Morgane a regardé Marc timidement.

Enzo : alors frangine, tu nous présente officiellement ?

Morgane : je suppose que Marc t'ait déjà dit qui il est quand il est arrivé, mais c'est tante Marie qui ne les connaît pas encore.

Enzo : oui, mais je m'attends à ce que tu nous le présente du genre « je vous présente Marc Anderson, mon amoureux » ou quelque chose dans le genre.

Marie : ah Enzo…Bon, je vous laisse ave vos retrouvailles les enfants. Enzo, tu peux m'aider avec les préparatifs, s'il te plaît ?

Enzo : j'arrive un peu plus tard maman.

Marie : tout de suite.

Enzo : bon d'accord.

Patricia : est – ce – que je peux venir vous aider ?

Marie : mais bien sûr.

Et ils sont partis, laissant Morgane et Marc seuls dans le salon.

Marc s'est tout de suite approché de Morgane pour l'embrasser.

Marc : tu m'as manqué ma jolie Morgane. Je crois que je ne m'habituerai plus jamais à ton absence.

Morgane : dans ce cas, prépare-toi à me supporter parce que tout ce que tu as vu jusque-là n'était que l'avant-goût.

Marc : mmm…j'ai hâte de voir ça.

Et Marc a encore une fois embrassé Morgane. Il la tenait par la taille.

Marc : ces jolies lèvres m'ont aussi beaucoup manqué.

Morgane : o…key…Et si on allait rejoindre tante Marie ? Il y aura une petite fête tout à l'heure et quelques voisins vont venir.

Marc : ah ! Et ils seront nombreux ?

Morgane : bien plus nombreux que tes invités.

Marc était perplexe.

Morgane : ne me dis quand même pas que tu as peur de nos voisins. Je plésantais…

Marc : je le savais. Bon, on y va ?

Morgane : allons-y.

Et ils sont partis aider Marie et Enzo.

Marie : alors M^{eur} Anderson, vous appréciez Morgane ?

Marc : s'il vous plaît, appelez-moi juste Marc et vous pouvez me tutoyer.

Marie : très bien.

Marc : je suis sous le charme de Morgane depuis le premier jour où on a été présenté. J'ai tout de suite su qu'elle sera la femme parfaite pour moi. Après la mort de mon épouse, rien ne me redonnait le sourire à part ma fille. Mais Morgane, elle, elle a émerveillé nos vies.

Marie : dans ce cas, prenez soin d'elle. Et fais en sorte qu'elle soit toujours heureuse car elle le mérite.

Enzo : ou si non, tu auras à faire à moi.

Morgane : Enzo, arrête un peu.

Enzo : c'est vrai.

Marc : je vous promets qu'elle sera la femme la plus heureuse.

Quelques heures plus tard, leurs voisins sont arrivés. Ce sont les amis d'enfance d'Enzo et de Morgane avec leurs enfants ainsi que leurs parents.

Morgane : je suis contente que vous soyez là.

Théo : on n'allait quand même pas rater l'invitation de tante Marie. En plus, on avait hâte de te revoir. Ça faisait quand même longtemps qu'on ne s'est pas vu.

Morgane : on s'est vu l'année dernière à Noël Théo.

Théo : ça fait déjà 365 jours. C'est beaucoup, tu ne trouves pas ? Comparé à tous les moments qu'on a passé ensemble quand on était encore petit et adolescent.

Morgane : maintenant qu'on est là, profitons-en alors parce que je ne vais pas tarder à repartir.

Kathleen : Morgane !!! Quelle joie de te revoir ma chérie.

Elles se sont prises dans les bras.

Théo : ok, je vous laisse les filles car je vois de paires d'yeux qui ne cessent de me fusiller là-bas.

Théo a regardé dans la direction de Marc.

Kathleen : dis donc Morgane mais qui est ce beau spécimen.

Morgane : il s'appelle Marc Anderson.

Kathleen : il faut absolument que tu me racontes tout.

Morgane : tu n'as toujours pas changé hein…espèce de curieuse.

Peu après, Marc les a rejointes avec des verres remplis de jus.

Marc : un petit rafraîchissement les filles…

Kathleen : c'est un gentleman en plus. Merci beaucoup.

Morgane : oh Marc, je te présente Kathleen : mon amie d'enfance.

Marc : ravi de te connaître Kathleen ; moi c'est Marc.

Kathleen : Morgane, si je n'étais pas encore prise, je serai une candidate de plus pour lui.

Morgane : tu pourras toujours essayer et on verra qui il va choisir.

Marc : Morgane, voyons...

Morgane a rigolé.

Morgane : je blaguais.

Kathleen : bon, je vous laisse les amoureux.

Et Kathleen est partie.

Marc : ce Théo, je vois que vous êtes de très bons amis.

Morgane : oui. En réalité, c'est Kathleen ma vraie amie mais puisque Théo et elle étaient ensembles depuis l'âge de 13 ans alors, il est devenu proche de moi aussi.

Marc : heureusement que je suis arrivé alors. Tu as retrouvé tes amis d'enfance et tu m'as complètement oublié.

Morgane : mmm...ce n'est pas une possibilité à écarter.

Morgane a fait un sourire narquois. Marc s'est tout de suite emparé de ses lèvres.

Quelques minutes plus tard, Marie est venue les prévenir que le déjeuner est servi et qu'ils peuvent passer à table.

Ils ont décidé de déjeuner dans le jardin. L'endroit a été très bien décoré.

Marie : ne ce jour de nouvel an, je propose qu'on porte un toast, pour un avenir encore plus meilleur et une vie remplie de bonheur. Que cette nouvelle année soit également un nouveau départ pour chacun d'entre nous. Et pour terminer, je tiens à féliciter nos deux jeunes tourtereaux : Marc et Morgane, que le grand Dieu vous protège et vous donne la force de traverser les épreuves de cette vie. Morgane a vécu pas mal de difficultés dans le passé, mais grâce à Dieu et à son courage, elle s'en est très bien sortie. Que chacun de nous, ici présent vit le grand bonheur !!! Bonne année et bon appétit à tous !

Ils ont applaudis, marque de leur joie et ils ont déjeuné tout en discutant et en rigolant.

Après avoir déjeuné, Morgane a emmené Marc visiter la propriété de sa tante. Derrière la maison, situé à quelques mètres, il y avait un cour d'eau qui ressemble à un lac au large ; ils se sont arrêtés juste devant.

Morgane : ici, c'est mon endroit préféré. Depuis toute petite, j'ai toujours senti qu'il est spécial ; cet endroit n'est pas comme tous les autres qui se trouvent autour ou dans la propriété.

Marc : j'avoue que cet endroit est magnifique mais aussi très romantique.

Morgane : c'est ici que mon oncle a demandé ma tante en mariage. Elle dit que c'était le plus beau jour de leur vie et elle a les larmes aux yeux, chaque fois qu'elle nous raconte cette histoire. Ils s'aimaient énormément.

Marc admirait Morgane pendant ce temps. Morgane s'en est rendu compte…

Morgane : pourquoi tu me regardes comme ça ?

Marc : j'adore te regarder. Tu aimerais vivre une histoire d'amour comme celle de ta tante et ton oncle ?

Morgane : bien sûr que oui.

Marc s'est alors agenouillé devant Morgane et il lui a fait sa demande. Morgane a été très émue.

Marc : devient ma femme ; celle qui m'accompagnera durant le reste de ma vie. Tu m'as redonné goût à la vie. Sans toi, je ne serai pas devenu ce que je suis aujourd'hui.

Morgane a souri et elle a tendu sa main pour que Marc puisse lui passer la bague à son doigt.

Morgane : oui, j'accepte de faire partie de ta vie mais aussi celle de Patricia. Je serais toujours là pour vous, Marc.

Marc : merci beaucoup...Je t'aime Morgane Scaylane.

Morgane : je t'aime Marc Anderson.

Et ils se sont embrassés passionnément...La neige s'est mise à tomber et des flocons de neiges virevoltaient au-dessus d'eux.

FIN...

Une histoire de Faniry La Romancière

Printed by Books on Demand GmbH, Norderstedt / Germany